ASPECTOS JURÍDICOS DO BDI
PARA OBRAS E SERVIÇOS

ANIELLO PARZIALE

Prefácio
Marcos Nóbrega

ASPECTOS JURÍDICOS DO BDI PARA OBRAS E SERVIÇOS

Belo Horizonte

2024

© 2024 Editora Fórum Ltda.

É proibida a reprodução total ou parcial desta obra, por qualquer meio eletrônico, inclusive por processos xerográficos, sem autorização expressa do Editor.

Conselho Editorial

Adilson Abreu Dallari
Alécia Paolucci Nogueira Bicalho
Alexandre Coutinho Pagliarini
André Ramos Tavares
Carlos Ayres Britto
Carlos Mário da Silva Velloso
Cármen Lúcia Antunes Rocha
Cesar Augusto Guimarães Pereira
Clovis Beznos
Cristiana Fortini
Dinorá Adelaide Musetti Grotti
Diogo de Figueiredo Moreira Neto (in memoriam)
Egon Bockmann Moreira
Emerson Gabardo
Fabrício Motta
Fernando Rossi
Flávio Henrique Unes Pereira

Floriano de Azevedo Marques Neto
Gustavo Justino de Oliveira
Inês Virgínia Prado Soares
Jorge Ulisses Jacoby Fernandes
Juarez Freitas
Luciano Ferraz
Lúcio Delfino
Marcia Carla Pereira Ribeiro
Márcio Cammarosano
Marcos Ehrhardt Jr.
Maria Sylvia Zanella Di Pietro
Ney José de Freitas
Oswaldo Othon de Pontes Saraiva Filho
Paulo Modesto
Romeu Felipe Bacellar Filho
Sérgio Guerra
Walber de Moura Agra

FÓRUM
CONHECIMENTO JURÍDICO

Luís Cláudio Rodrigues Ferreira
Presidente e Editor

Coordenação editorial: Leonardo Eustáquio Siqueira Araújo
Aline Sobreira de Oliveira

Rua Paulo Ribeiro Bastos, 211 – Jardim Atlântico – CEP 31710-430
Belo Horizonte – Minas Gerais – Tel.: (31) 99412.0131
www.editoraforum.com.br – editoraforum@editoraforum.com.br

Técnica. Empenho. Zelo. Esses foram alguns dos cuidados aplicados na edição desta obra. No entanto, podem ocorrer erros de impressão, digitação ou mesmo restar alguma dúvida conceitual. Caso se constate algo assim, solicitamos a gentileza de nos comunicar através do *e-mail* editorial@editoraforum.com.br para que possamos esclarecer, no que couber. A sua contribuição é muito importante para mantermos a excelência editorial. A Editora Fórum agradece a sua contribuição.

Dados Internacionais de Catalogação na Publicação (CIP) de acordo com ISBD

P276a	Parziale, Aniello Aspectos jurídicos do BDI para obras e serviços / Aniello Parziale. Belo Horizonte: Fórum, 2024. 170 p. 14,5x21,5cm ISBN 978-65-5518-678-9 1. Contratações públicas. 2. Orçamentação. 3. Obras. 4. Serviços. I. Título. CDD: 342 CDU: 342

Ficha catalográfica elaborada por Lissandra Ruas Lima – CRB/6 – 2851

Informação bibliográfica deste livro, conforme a NBR 6023:2018 da Associação Brasileira de Normas Técnicas (ABNT):

PARZIALE, Aniello. *Aspectos jurídicos do BDI para obras e serviços.* Belo Horizonte: Fórum, 2024. 170 p. ISBN 978-65-5518-678-9.

"E no meio de tanta gente eu encontrei você
Entre tanta gente chata sem nenhuma graça, você veio
E eu que pensava que não ia me apaixonar
Nunca mais na vida."

Para Gi, meu último romance

Agradeço à Bruna Cristina de Lima por ter colaborado na digitalização das planilhas, organização de dados, etc.

Um agradecimento especial também ao Aurici Silva Dias pelo trabalho de revisão.

"Irmão, você não percebeu
Que você é o único representante
Do seu sonho na face da terra
Se isso não fizer você correr, chapa
Eu não sei o que vai."

Emicida – Levanta e anda

LISTA DE ABREVIATURAS E SIGLAS

Ac.	Acórdão
AGU	Advocacia-Geral da União
ART	Anotação de Responsabilidade Técnica
BDI	Benefícios (ou Lucro) e Despesas Indiretas
CADTERC	Estudos Técnicos de Serviços Terceirizados
CD	Custos Diretos
CI	Custos Indiretos
Cf.	Conforme
CNPJ	Cadastro Nacional da Pessoa Jurídica
COFINS	Contribuição Social para Financiamento da Seguridade Social
CPRB	Contribuição Previdenciária sobre a Receita Bruta
CSLL	Contribuição Social sobre o Lucro Líquido
DD	Despesas Diretas
DI	Despesas Indiretas
EPI	Equipamento de Proteção Individual
ES	Encargos Sociais
IN	Instrução Normativa
IBRAOP	Instituto Brasileiro de Auditoria de Obras Públicas
ICMS	Imposto sobre Circulação de Mercadorias e Serviços
ISSQN ou ISS	Imposto Sobre Serviço sobre Qualquer Natureza
IRPJ	Imposto de Renda Pessoa Jurídica
ME	Ministério da Economia
MPOG	Ministério do Planejamento e Orçamento
MS	Mandado de Segurança
NLLC	Nova Lei de Licitações e Contratos
PC	Preço de Custo
PV	Preço de Venda
PIS	Programa de Integração Social
PL	Plenário
RDC	Regime Diferenciado de Contratações
SEGES	Secretaria de Gestão e Inovação do Ministério da Gestão e da Inovação em Serviços Públicos
STJ	Superior Tribunal de Justiça
TCE/SP	Tribunal de Contas do Estado de São Paulo
TCU	Tribunal de Contas da União

SUMÁRIO

PREFÁCIO
Marcos Nóbrega 17

APRESENTAÇÃO 19

INTRODUÇÃO 23

CAPÍTULO 1
A PROPOSTA COMERCIAL, SEUS ELEMENTOS E
ANEXOS 31

1.1 A estrutura e forma da proposta ou oferta comercial 32
1.1.1 A proposta comercial física 32
1.1.2 A proposta comercial eletrônica 33
1.1.3 Os três momentos da fixação de preços na proposta
     comercial 36
1.1.4 O excesso de rigorismo no julgamento da proposta
     comercial 43
1.2 Identificação do proponente 45
1.3 Objeto da licitação 46
1.4 Quantitativos pretendidos 49
1.5 Marca do objeto a ser entregue 50
1.6 Prazo de validade das propostas 53
1.7 Assinatura na proposta 55
1.8 Cronograma físico-financeiro 56
1.9 Declarações 58
1.10 Valor da proposta 61
1.11 Garantia do objeto contratado 62
1.12 Prazo de execução ou entrega do objeto 64
1.13 Planilha orçamentária e composição de custos 66
1.14 Proposta técnica 67

1.15   Outras informações que a Administração pode exigir 68
1.16   BDI 68

CAPÍTULO 2
COMPOSIÇÃO DE UMA PROPOSTA COMERCIAL:
PREÇO = CUSTO DIRETO X BDI 73

2.1   Preço 74
2.2   Custos ou despesas diretas 76
2.3   BDI – Benefícios ou Lucro e Despesas Indiretas 77
2.3.1   Lucro 78
2.3.2   Despesas indiretas e seus componentes 79
2.3.2.1 Rateio da administração central 82
2.3.2.2 Taxa de risco do empreendimento 84
2.3.2.3 Despesas financeiras 88
2.3.2.4 Despesas tributárias 90
2.3.2.4.1 PIS e Cofins 91
2.3.2.4.2 ISSQN 91
2.3.2.4.3 CPRB 92
2.3.2.5 Tributos que não podem constar do BDI: IRPJ e CSLL 93
2.4   O BDI onerado e o BDI desonerado 94
2.5   As razões para a variação do BDI entre objetos 97
2.5.1   O tipo, porte e local da obra ou serviço 98
2.5.2   Projetos e termos de referência mal elaborados 99
2.5.3   A localização da obra ou do serviço 100
2.5.4   Prazo de execução do objeto 101
2.5.5   A situação econômica e mercadológica 101
2.6   Por que o BDI varia entre empresas? 102
2.7   BDI padrão e as faixas de variação 105
2.8   O BDI e o lucro zero 120
2.9   O BDI diferenciado para equipamentos e materiais 123
2.10   O que pode ou não constar do BDI à luz dos entendimentos
        dos Tribunais de Contas 125
2.10.1 Equipamentos de Proteção Individual – EPIs, ferramentas e
        serviços 126
2.10.2 Administração local, instalação de canteiro, acampamento,
        mobilização e desmobilização 127
2.10.3 A proibição da inclusão das parcelas relativas ao IRPJ
        e à CSLL na composição do BDI 129

2.10.4　O ISSQN deve recair somente sobre a mão de obra e não sobre todo o objeto, incluindo equipamentos ou serviços 131

2.10.5　A administração local não pode constar do BDI 132

2.11　A demonstração e detalhamento do BDI na proposta comercial 134

2.12　A ilegalidade da fixação de percentual máximo do BDI pela Administração 138

2.13　BDI excessivamente baixo, zero ou negativo 141

CAPÍTULO 3
O JULGAMENTO DAS PROPOSTAS COMERCIAIS 143

3.1　Propostas com vícios insanáveis 144

3.2　Propostas que não obedecem às especificações técnicas pormenorizadas no edital 152

3.3　Propostas com preços inexequíveis ou que permanecerem acima do orçamento estimado para a contratação 154

3.4　Desclassificação da proposta comercial que não tiver sua exequibilidade demonstrada quando exigida pela administração 157

3.5　Propostas comerciais em desconformidade com quaisquer outras exigências do edital, desde que seja insanável 158

3.6　Modificação da proposta comercial por meio de negociação 159

3.7　Juntada de todas as propostas no processo administrativo 161

REFERÊNCIAS 163

ÍNDICE REMISSIVO 165

PREFÁCIO

"Três grandes mistérios da vida: de onde viemos; para onde vamos; o que é e o que está contido no BDI."

Marcos Nóbrega

É com essa citação intrigante que adentramos no universo meticuloso e essencialmente prático de Aniello Parziale em sua obra referencial, "Aspectos Jurídicos do BDI de Obras Públicas". Sob a chancela da respeitada editora Fórum, o autor nos conduz por uma jornada esclarecedora por meio das intricadas nuances legais que orbitam o BDI, apresentando uma abordagem inovadora e profundamente analítica.

No capítulo inaugural, "Aspectos Jurídicos da Proposta Comercial", Parziale lança luz sobre a relevância crítica da proposta comercial em um cenário marcado pelas licitações eletrônicas e plataformas de disputa. Em uma época em que a transparência e a precisão são imperativas, a obra desvela os elementos da proposta comercial, oferecendo uma análise minuciosa sobre sua elaboração e manejo durante o certame. Esta abordagem singular se destaca como um guia indispensável para aqueles que buscam compreender a complexidade jurídica por trás das propostas em licitações modernas.

A obra não se contenta em explorar apenas a proposta comercial; ela se aprofunda, de maneira inédita, na compreensão do BDI. Aqui, Parziale desmembra os elementos integrantes desse componente, mergulha nas principais polêmicas e dúvidas que circundam o assunto e culmina com uma análise detalhada da jurisprudência pertinente. Esta investigação profunda e abrangente evidencia a maestria do autor, que vai além das obras convencionais sobre o tema, demonstrando um amadurecimento acadêmico aliado à vasta experiência prática.

A obra, por sua natureza, pode suscitar questionamentos por parte dos leitores, mas jamais indiferença. Aniello Parziale, com sua perspicácia acadêmica e conhecimento prático, desafia o *status quo* ao explorar territórios até então pouco explorados no campo do Direito de Obras Públicas. A editora Fórum, ao acolher e publicar esta obra singular, acertou de forma magnífica, proporcionando aos leitores uma fonte valiosa e aprofundada de conhecimento.

Ao folhear estas páginas, mergulhamos não apenas nas cláusulas contratuais, nos códigos e jurisprudências, mas também na essência mesma das obras públicas, desvendando os mistérios que residem na construção civil e nos corredores da justiça. Que este trabalho sirva como farol, guiando estudiosos, profissionais e todos aqueles imersos no intricado universo do Direito e Engenharia de Obras Públicas.

Recife, verão de 2024.

Marcos Nóbrega
Conselheiro Substituto do TCE PE.
Professor Associado IV da Faculdade de
Direito do Recife – UFPE.

APRESENTAÇÃO

No âmbito da complexidade das contratações brasileiras, hoje, pela dinâmica da Nova Lei de Licitações, os contratos podem vigorar por até 35 anos (art. 110, inc. II), existe um elemento-chave que muitos desconhecem, mas que desempenha um papel crucial na adequada precificação dos objetos pretendidos pela Administração: o BDI, sigla que representa Benefícios (ou Lucro) e Despesas Indiretas, que se destina a controlar os valores despendidos pela Administração Pública brasileira, garantindo, assim, a economicidade com o gasto público.

Ante a dificuldade de intelecção do BDI, esta obra se propõe a facilitar o entendimento acerca do referido assunto, passando a explorar sua intrincada brenha no âmbito da proposta comercial, com foco no aspecto jurídico.

Antecipando um pouco a nossa marcha, trataremos da proposta comercial no âmbito das licitações presenciais e eletrônicas, suas nuances e elementos mínimos, de modo a abrir caminho para o estudo do BDI.

No tocante ao BDI, no bojo da sua clássica equação, tem-se que é composto por custos indiretos incidentes sobre o objeto demandado pela Administração e margem de lucro adotada pelo licitante. Sendo assim, aplicado como um percentual sobre os valores despendidos a título de despesas diretas, depreende-se o preço final de um objeto demandado pela Administração, sejam obras, serviços de engenharia ou outros serviços de qualquer natureza, quando for o caso.

A importância do estudo do BDI relaciona-se à necessidade de ser construído de forma correta e transparente, o que exige que os servidores públicos orçamentistas e empresas licitantes conheçam a sua estruturação – mesmo inexistindo uma fórmula padrão –, que se dá por meio da concretização de entendimentos prolatados pelos órgãos de controle ao longo de décadas, especialmente o eg.

Tribunal de Contas da União, positivado, hoje, minimamente, no Decreto Federal nº 7.983/13, cuja vigência foi garantida no âmbito da Nova Lei de Licitações.

Com efeito, os licitantes devem conhecer os custos que integram o BDI, bem como aquelas futuras despesas que não podem lá ser fixadas, uma vez que a presença incorreta pode gerar a desclassificação da proposta comercial, acarretando, portanto, a perda de uma oportunidade.

Outrossim, a inobservância destes parâmetros acarreta, diretamente, a reprovação das contratações públicas pelos órgãos de controle, impondo, desta feita, as consequências previstas na lei.

Está claro, portanto, e em poucas palavras, o papel essencial que o BDI detém, qual seja, proteger os cofres públicos de gastos excessivos.

Objetiva a presente obra, ainda, desvendar tais dificuldades, apresentando, para tanto, o entendimento dos órgãos de controle sobre o BDI. Ademais, explora os desafios enfrentados tanto pelas empresas licitantes quanto pela Administração Pública, oferecendo uma visão clara e concisa dos aspectos jurídicos que permeiam o BDI.

Logo, se você é um profissional da construção civil ou de prestação de serviços, um gestor público ou simplesmente alguém interessado em compreender as complexidades da orçamentação pública, esta obra é sua chave para desvendar o arcano do BDI.

Melhor demonstrando tal assertiva, no que se refere ao primeiro capítulo do livro, abordamos o BDI como um componente da proposta comercial, incluindo os aspectos jurídicos de uma oferta em licitação, seus detalhes formais e materiais, bem como os principais elementos envolvidos. Do ponto de vista metodológico, abordar o BDI sem contextualizá-lo na proposta comercial limita a capacidade do leitor de identificá-lo em um contexto mais amplo. No caso concreto, pode ser necessário realizar um estudo complementar para analisar o BDI conectado a outros elementos da proposta comercial, e essa é a motivação por trás desse estudo.

Depois de analisar e identificar todos os elementos que compõem a proposta comercial, em outro capítulo essencial, passamos a estudar, de maneira analítica, a fórmula e os componentes do BDI, bem como suas implicações e as interpretações dadas pelos Tribunais de Contas.

Por fim, apresentamos o regime jurídico do julgamento das propostas comerciais, na forma da Nova Lei de Licitações e Instruções Normativas da SEGES/ME, considerando as particularidades da análise da oferta comercial e o impacto do BDI.

Para facilitar o acesso às informações contidas neste livro, foi criado um índice remissivo, com o objetivo de fornecer um acesso rápido e preciso a todos os detalhes presentes nesta obra.

Sendo assim, aproveitem o conteúdo da presente obra, que assenta um percurso construtivo que descortinará os aspectos jurídicos do BDI nas contratações públicas brasileiras.

INTRODUÇÃO

O BDI – Benefícios (Bonificação ou Lucro) e Despesas Indiretas – também denominado LDI – Lucro e Despesas Indiretas –, é um componente da planilha de preço anexo aos editais elaborados pela Administração promotora do certame, bem como pelo interessado em contratar com o Poder Público, sendo exigido em licitações quando o objeto contratado for a execução de obras e serviços de engenharia, bem como de alguns serviços gerais, contínuos, "por escopo",[1] com dedicação exclusiva de mão de obra ou não.

"Conceitualmente, o BDI é definido como um percentual aplicado sobre o custo direto para se chegar ao preço de venda a ser apresentado ao cliente e tem a seguinte fórmula: PV = PC x (1+BDI), sendo PV = Preço de Venda e PC = Custo Direto".[2]

O objetivo do BDI nas contratações públicas é mensurar o lucro (benefício) pretendido pelo licitante naquele objeto que passa pelo crivo da licitação, bem como as despesas que incidem indiretamente na execução do que é demandado pela Administração, os quais são impossíveis de serem caracterizados, individualizados e quantificados na planilha de composição de custos diretos, bem como de alguns tributos incidentes sobre o faturamento do futuro contratado.

Observa-se ser obrigatória a presença do BDI na orçamentação das obras públicas e serviços de qualquer natureza, pois a realização do orçamento estimado sem informar nas planilhas a utilização de tal percentual gera um valor estimado da futura contratação que não reflete a realidade de mercado, haja vista desconsiderar a composição de seus preços[3] tanto a existência de despesas indiretas

---

[1] Contrato por escopo – Definição – Art. 6º, inc. XVII – "serviços não contínuos ou contratados por escopo: aqueles que impõem ao contratado o dever de realizar a prestação de um serviço específico em período predeterminado, podendo ser prorrogado, desde que justificadamente, pelo prazo necessário à conclusão do objeto".

[2] TCU – Decisão nº 255/1999 – Primeira Câmara.

[3] TCE/SP – TC: 786/989/12-9 – Pleno.

ANIELLO PARZIALE
ASPECTOS JURÍDICOS DO BDI PARA OBRAS E SERVIÇOS

incidentes na execução do objeto demandado quanto o lucro das empresas. Como observado, o BDI, na planilha orçamentária se apresenta por meio de percentual. Ao ser aplicado sobre o custo direto da execução do objeto pretendido, acaba por resultar no preço proposto pelo licitante para a execução do objeto que está passando pelo crivo da licitação.

Antecipando a nossa jornada, por ser essencial nesta etapa preambular, porém, sem prejuízo do que restará adiante demonstrado com mais detalhes, o percentual do BDI não é fixo e a sua composição não é taxativa, variando de objeto para objeto e entre as empresas licitantes, levando-se em consideração elementos extrínsecos à execução daquilo que se pretende, como a situação econômica e mercadológica, a localização e seu acesso, a infraestrutura necessária instalada, a alíquota do ISS adotada pelo Município onde o empreendimento será executado; bem como características intrínsecas do objeto, como, por exemplo, o tipo da obra, a qualidade dos projetos e orçamentos, o prazo de sua execução, a forma de pagamento, o período de medição, entre outros, além do lucro pretendido pelo proponente para aquele empreendimento.

Para a fixação da composição do BDI, inexiste uma norma técnica ou legal que discipline os parâmetros adequados para que se estabeleça aquilo que deve ou não constar desse arranjo. Em resumo, conforme consta da Revista Construção e Mercado, "Liberdade é a marca de composição do BDI (Benefícios e Despesas Indiretas) nos orçamentos de obras da construção civil".[4]

Diante desta liberdade, o BDI era composto sem muitos critérios, fato que acarretava diversas situações indesejadas para o erário, o que despertou a atenção dos órgãos de controle, especialmente do Tribunal de Contas da União, ocasião em que foi prolatado o Acórdão nº 325/2007 pelo seu Plenário, cujo teor realizou uma radiografia sobre o assunto, fixando, dali pra frente,[5] em tese, despesas

---

[4] Disponível em: http://revista.construcaomercado.com.br/negocios-incorporacao-construcao/95/especial-obras-publicascomo-calcular-o-bdi-139241-1.asp. Acesso em: 21 out. 2009.

[5] TCU – Acórdão nº 2.545/2011-Plenário – TC-030.336/2010-4 – "4.1.1 São aceitáveis os contratos administrativos assinados antes da publicação do Acórdão nº 325/2007 para

execução de obra pública e que tenham incluído itens que não poderiam constar do cálculo do BDI, na forma do mencionado Acórdão?

15. A jurisprudência do TCU tem caminhado no sentido de que as regras estabelecidas no Acórdão nº 325/2007 – Plenário acerca dos componentes do BDI são válidas somente para contratos assinados posteriormente à prolação do referido aresto. Como exemplos de tal entendimento, citam-se os Acórdãos nºs 1.591/2008, 2.843/2008 e 2.831/2009, todos do Plenário.

16. Outrossim, conforme estabelecido no Sumário do Acórdão nº 2.843/2008-Plenário, 'na busca da verdade material, julgamentos pretéritos não têm o condão de fazer coisa julgada e não impedem que diante de novas situações se apontem falhas anteriormente não identificadas por quaisquer motivos'. Ou seja, adaptando o raciocínio à pergunta ora analisada, a inclusão de itens não previstos no AC-325/2007-PL em contratos assinados anteriormente à sua prolação, embora se admita legítima, não impede que eventuais abusos de preços, por conta de um BDI acima dos valores de mercado, sejam coibidos e corrigidos, mesmo quando identificados em épocas posteriores.

17. É oportuno ressaltar que a composição do BDI foi positivada pelo art. 127 da LDO/2011 (Lei n. 12.309/2010):

'§7º. O preço de referência das obras e serviços de engenharia será aquele resultante da composição do custo unitário direto do sistema utilizado, acrescido do percentual de Benefícios e Despesas Indiretas – BDI, evidenciando em sua composição, no mínimo:
I – taxa de rateio da administração central;
II – percentuais de tributos incidentes sobre o preço do serviço, excluídos aqueles de natureza direta e personalística que oneram o contratado;
III – taxa de risco, seguro e garantia do empreendimento; e
IV – taxa de lucro.'

18. Desde a prolação do Acórdão nº 325/2007, a Jurisprudência do Tribunal também se consolidou quanto ao assunto e foram aprovadas recentes súmulas tratando de aspectos relacionados ao BDI de obras e serviços de engenharia:

SÚMULA N. 253/2010
Comprovada a inviabilidade técnico-econômica de parcelamento do objeto da licitação, nos termos da legislação em vigor, os itens de fornecimento de materiais e equipamentos de natureza específica que possam ser fornecidos por empresas com especialidades próprias e diversas e que representem percentual significativo do preço global da obra devem apresentar incidência de taxa de Bonificação e Despesas Indiretas – BDI reduzida em relação à taxa aplicável aos demais itens.

SÚMULA N. 254/2010
O IRPJ – Imposto de Renda Pessoa Jurídica – e a CSLL – Contribuição Social sobre o Lucro Líquido – não se consubstanciam em despesa indireta passível de inclusão na taxa de Bonificações e Despesas Indiretas – BDI do orçamento-base da licitação, haja vista a natureza direta e personalística desses tributos, que oneram pessoalmente o contratado.

SÚMULA N. 258/2010
As composições de custos unitários e o detalhamento de encargos sociais e do BDI integram o orçamento que compõe o projeto básico da obra ou serviço de engenharia, devem constar dos anexos do edital de licitação e das propostas das licitantes e não podem ser indicados mediante uso da expressão 'verba' ou de unidades genéricas.

19. Existe ainda processo contendo proposta de súmula consolidando o entendimento de que despesas relativas à administração local de obras, pelo fato de poderem ser quantificadas e discriminadas por meio de simples contabilização de seus componentes, devem constar na planilha orçamentária da respectiva obra como custo direto. A mesma afirmativa pode ser realizada para despesas de mobilização/desmobilização e de instalação e manutenção de canteiro. Essa prática visa à maior transparência na elaboração do orçamento da obra, o que vem sendo recomendado por este Tribunal em suas fiscalizações, como o próprio Acórdão nº 325/2007-TCU-Plenário aponta.

indevidas no BDI, bem como faixas de variação para obras de linhas de transmissão e subestações, passando a referida decisão a ser um norte para a Administração Pública brasileira, permitindo a evolução do estudo do referido percentual no país.

Colocado holofote sobre o assunto e diante da necessidade de regulamentação do tema, haja vista a proteção ao erário público, tem-se que a mínima composição do BDI foi positivada na Lei de Diretrizes Orçamentárias de 2011 (Lei Federal nº 12.309/2010),[6] na

---

20. Toda evolução jurisprudencial e legal havida a partir da prolação do Acórdão nº 325/2007 – Plenário é calcada em diversas situações indesejáveis para a Administração Pública que podem advir da inclusão de determinadas parcelas na composição do BDI. Por exemplo, considerar no BDI itens como instalação de canteiro/acampamento e mobilização/desmobilização pode levar ao seu pagamento indevido quando da execução dos termos aditivos, já que tais rubricas incidirão como um percentual sobre o custo direto dos novos serviços, não havendo, via de regra, nenhuma correspondência direta entre esses gastos acrescidos por meio de aditivos e as despesas com mobilização/desmobilização e instalação do canteiro de obras.

21. O não detalhamento da composição do BDI também pode levar a execução contratual a uma série de impasses, a exemplo da majoração ou diminuição de alíquotas tributárias. Nos termos do §5º, art. 65, da Lei de Licitações e Contratos, tais ocorrências ensejam o reequilíbrio econômico-financeiro dos contratos. Porém, o efetivo impacto das alterações tributárias no ajuste só pode ser estabelecido com base no detalhamento da composição do BDI apresentado pelo licitante vencedor.

22. Outro problema recorrente é observado nos contratos cuja administração local encontra-se incluída no BDI. Nesses casos, quaisquer atrasos na execução contratual decorrentes de culpa da Administração, em tese, ensejam pedidos de reequilíbrio por parte das contratadas. Novamente, a falta de detalhamento do BDI, em especial da rubrica 'administração local', quando tal item foi indevidamente nele incluído, é fonte de controvérsias entre as partes na discussão do valor justo do contrato. Ressalta-se também que a inclusão da rubrica 'administração local' no BDI pode ensejar o desequilíbrio do contrato em desfavor de uma das partes nos casos de aditivos alterando a qualidade (e o preço) dos serviços contratuais. Trocar um serviço contratual por outro nem sempre resulta em alteração das despesas que compõem a rubrica 'administração local'. Assim, um aditivo alterando um serviço contratual por outro, de preço mais elevado, via de regra onera indevidamente a Administração Pública. Ao contrário, substituir um serviço contratual por outro equivalente mais barato pode apenar indevidamente a empresa contratada.

23. Diante do exposto, conclui-se que não há motivo para alterar contratos administrativos firmados antes da publicação do Acórdão nº 325/2007 – Plenário nos casos em que não ocorreu aditamento contratual. Nos demais casos, deve-se avaliar se houve efetivamente alguma repercussão econômico-financeira relevante contra a Administração Pública em virtude da taxa de BDI elevada ou da inclusão indevida de alguma rubrica no BDI".

6 Art. 127, §7º – O preço de referência das obras e serviços de engenharia será aquele resultante da composição do custo unitário direto do sistema utilizado, acrescido do percentual de Benefícios e Despesas Indiretas – BDI, evidenciando em sua composição, no mínimo:
I – taxa de rateio da administração central;
II – percentuais de tributos incidentes sobre o preço do serviço, excluídos aqueles de natureza direta e personalística que oneram o contratado;
III – taxa de risco, seguro e garantia do empreendimento; e
IV – taxa de lucro.

Lei de Diretrizes Orçamentárias de 2012 (Lei Federal nº 12.465/2011)[7] e na Lei de Diretrizes Orçamentárias de 2013 (Lei Federal nº 12.708/2012).[8] Em 2013, tal disciplinamento restou também consignado no Decreto Federal nº 7.983/13, que se encontra vigente no âmbito da Nova Lei de Licitações, conforme determina a Instrução Normativa nº 91/22 da SEGES.[9] Doravante, as LDOs federais deixaram de consignar a composição do BDI em seu teor.

---

[7] Art. 126, §7º – O preço de referência das obras e serviços de engenharia será aquele resultante da composição do custo unitário direto do sistema utilizado, acrescido do percentual de Benefícios e Despesas Indiretas – BDI, evidenciando em sua composição, no mínimo:
I – taxa de rateio da administração central;
II – percentuais de tributos incidentes sobre o preço do serviço, excluídos aqueles de natureza direta e personalística que oneram o contratado;
III – taxa de risco, seguro e garantia do empreendimento; e
IV – taxa de lucro.

[8] Art. 102, §7º – O preço de referência das obras e dos serviços de engenharia será aquele resultante da composição do custo unitário direto do sistema utilizado, acrescido do percentual de Benefícios e Despesas Indiretas – BDI, evidenciando em sua composição, no mínimo:
I – taxa de rateio da administração central;
II – percentuais de tributos incidentes sobre o preço do serviço, excluídos aqueles de natureza direta e personalística que oneram o contratado;
III – taxa de risco, seguro e garantia do empreendimento; e
IV – taxa de lucro.
§8º Entende-se por composições de custos unitários correspondentes, às quais se refere o caput, aquelas que apresentem descrição semelhante a do serviço a ser executado, com discriminação dos insumos empregados, quantitativos e coeficientes aplicados.
§9º (VETADO).
§10 Comprovada a inviabilidade técnico-econômica de parcelamento do objeto da licitação, quando exigível nos termos da legislação em vigor, os materiais e equipamentos de natureza específica que possam ser fornecidos por empresas com especialidades próprias e diversas e que representem percentual significativo do preço global da obra devem apresentar incidência de taxa de BDI reduzida em relação à taxa aplicável aos demais itens.
§11. No caso do fornecimento de equipamentos, sistemas e materiais em que o contratado não atue como intermediário entre o fabricante e a administração pública ou que tenham projetos, fabricações e logísticas não padronizados e não enquadrados como itens de fabricação regular e contínua, nos mercados nacional ou internacional, o BDI poderá ser calculado e justificado com base na complexidade da aquisição, excetuando-se a regra prevista no parágrafo anterior.

[9] INSTRUÇÃO NORMATIVA SEGES/ME Nº 91, DE 16 DE DEZEMBRO DE 2022
Estabelece regras para a definição do valor estimado para a contratação de obras e serviços de engenharia nos processos de licitação e de contratação direta, de que dispõe o §2º do art. 23 da Lei nº 14.133, de 1º de abril de 2021, no âmbito da Administração Pública federal direta, autárquica e fundacional.
O SECRETÁRIO DE GESTÃO DA SECRETARIA ESPECIAL DE DESBUROCRATIZAÇÃO, GESTÃO E GOVERNO DIGITAL DO MINISTÉRIO DA ECONOMIA, no uso das atribuições que lhe conferem o Decreto nº 9.745, de 8 de abril de 2019, e o Decreto nº 1.094, de 23 de março de 1994, e tendo em vista o disposto na Lei nº 14.133, de 1º de abril de 2021, resolve:

Restou fixada, em seu art. 9º, a determinação para que os órgãos e entidades da Administração Pública federal, quando da elaboração do orçamento de referência de obras e serviços de engenharia, contratados e executados com recursos dos orçamentos da União, utilizassem, necessariamente, o BDI, listando a composição mínima:

Art. 9º O preço global de referência será o resultante do custo global de referência acrescido do valor correspondente ao BDI, que deverá evidenciar em sua composição, no mínimo:
I – taxa de rateio da administração central;
II – percentuais de tributos incidentes sobre o preço do serviço, excluídos aqueles de natureza direta e personalística que oneram o contratado;
III – taxa de risco, seguro e garantia do empreendimento; e
IV – taxa de lucro.
§1º Comprovada a inviabilidade técnico-econômica de parcelamento do objeto da licitação, nos termos da legislação em vigor, os itens de fornecimento de materiais e equipamentos de natureza específica que possam ser fornecidos por empresas com especialidades próprias e diversas e que representem percentual significativo do preço global da obra devem apresentar incidência de taxa de BDI reduzida em relação à taxa aplicável aos demais itens.
§2º No caso do fornecimento de equipamentos, sistemas e materiais em que o contratado não atue como intermediário entre o fabricante e a administração pública ou que tenham projetos, fabricação e logísticas não padronizados e não enquadrados como itens de fabricação regular e contínua nos mercados nacional ou internacional, o BDI poderá ser calculado e justificado com base na complexidade da aquisição, com exceção à regra prevista no §1º.

Com efeito, tem-se que tal regramento federal passou a ser nacional, pois, no âmbito da Nova Lei de Licitações, no seu art. 23, §2º, restou fixada a necessidade do valor estimado das contratações das obras e serviços de engenharia ser acrescido do BDI. Vejamos:

Art. 1º Fica autorizada a aplicação do Decreto nº 7.983, de 8 de abril de 2013, que estabelece regras e critérios para elaboração do orçamento de referência de obras e serviços de engenharia, contratados e executados com recursos dos orçamentos da União, no que couber, para a definição do valor estimado nos processos de licitação e de contratação direta de obras e serviços de engenharia, de que dispõe o §2º do art. 23 da Lei nº 14.133, de 1º de abril de 2021, no âmbito da Administração Pública federal direta, autárquica e fundacional.
Art. 2º Fica revogada a Instrução Normativa nº 72, de 12 de agosto de 2021.
Art. 3º Esta Instrução Normativa entra em vigor na data de publicação.
RENATO RIBEIRO FENILI

§2º No processo licitatório para contratação de obras e serviços de engenharia, conforme regulamento, o valor estimado, acrescido do percentual de Benefícios e Despesas Indiretas (BDI) de referência e dos Encargos Sociais (ES) cabíveis, será definido por meio da utilização de parâmetros na seguinte ordem:

Demais disso, o art. 56, §5º, da Nova Lei de Licitações ainda estabeleceu que:

§5º Nas licitações de obras ou serviços de engenharia, após o julgamento, o licitante vencedor deverá reelaborar e apresentar à Administração, por meio eletrônico, as planilhas com indicação dos quantitativos e dos custos unitários, bem como com detalhamento das Bonificações e Despesas Indiretas (BDI) e dos Encargos Sociais (ES), com os respectivos valores adequados ao valor final da proposta vencedora, admitida a utilização dos preços unitários, no caso de empreitada por preço global, empreitada integral, contratação semi-integrada e contratação integrada, exclusivamente para eventuais adequações indispensáveis no cronograma físico-financeiro e para balizar excepcional aditamento posterior do contrato.

Não obstante a Lei Federal nº 14.133/21 tenha exigido a necessidade de utilização do BDI para fixação do lucro e despesas indiretas do objeto que passa pelo crivo da licitação, deixou a Nova Lei de Licitações de fixar a fórmula e percentual ideais, inexistindo, portanto, unicidade legal neste assunto. Logo, continua viva a lição do TCU quando ressalta que "não existe uma única fórmula de cálculo do BDI, sendo encontradas na bibliografia diversas equações".[10]

Com efeito, há muita dificuldade para estabelecer uma fórmula padrão acerca do BDI. Tanto é que se conhecem diversas metodologias, como a proposta pelos engenheiros Mozart Bezerra da Silva[11] e Maçahico Tisaka,[12] além de outras feitas por entidades como o Instituto de Engenharia e o Instituto Brasileiro de Auditoria de Obras Públicas – IBRAOP e por órgãos e entes da Administração Pública.

---

[10] Cf. Orientações para elaboração de planilhas orçamentárias de obras públicas / Tribunal de Contas da União, Coordenação-Geral de Controle Externo da Área de Infraestrutura e da Região Sudeste. Brasília: TCU, 2014, p. 86.

[11] Ver *Manual de BDI, como incluir benefícios e despesas indiretas em orçamentos de obras de Construção civil*. São Paulo: Edgard Blücher, 2006.

[12] Ver *Orçamento na construção civil*: consultoria, projeto e execução. São Paulo: Pini, 2006.

Sobre tal dificuldade, a professora Maria Alice Pius há muito tempo salientou que é "urgente necessidade de uma normalização que padronize a nomenclatura dos componentes do BDI, facilitando a sua identificação e minimizando as ineficiências verificadas nos procedimentos de cálculo atuais que ainda fixam percentuais para o cálculo do BDI à semelhança de outras obras".[13]

Esclareça-se que o BDI não deve ser usado apenas na orçamentação de obras públicas, devendo ser utilizado, em nosso sentir, para qualquer objeto que não seja possível a identificação e quantificação de todas as despesas diretas incidentes num determinado objeto.

Nesse sentido, o site do CADTERC – Estudos Técnicos de Serviços Terceirizados (www.cadterc.sp.gov.br), mantido pelo Governo do Estado de São Paulo, detém conteúdo que objetiva divulgar as diretrizes para contratação de fornecedores de serviços terceirizados pelos órgãos da Administração Pública Estadual, com padronização de especificações técnicas e valores limites (preços referenciais) para os serviços mais comuns e que representam os maiores gastos do Estado. Nos cadernos técnicos lá disponibilizados observa-se que, em todos eles, quando fixa os elementos necessários para a regular orçamentação, há presença do estudo do BDI para o segmento.

---

[13] Cf. "Análise de algumas práticas utilizadas no cálculo do BDI – Bonificação e Despesas Indiretas – para a fixação de preços de obras na construção civil"; Fatec/SP. Disponível em: http://bt.fatecsp.br/bt_12/mariatrabalho2.pdf. Acesso em: 23 jul. 2008.

CAPÍTULO 1

A PROPOSTA COMERCIAL, SEUS ELEMENTOS E ANEXOS

Antes de entrarmos no estudo do BDI, afigura-se necessário analisar, neste capítulo, a estrutura da proposta ou oferta comercial, documento elaborado pelo licitante com o referido percentual devidamente previsto, por ser necessário regular precificação.

Com efeito, mesmo o BDI sendo composto adequadamente, observando-se os parâmetros fixados pela legislação e pelos órgãos de controle, poderá a proposta comercial ser desclassificada em virtude do desatendimento de alguma exigência editalícia não atendida em razão do desconhecimento do assunto, falha na interpretação ou análise do edital, desatenção na estruturação da oferta ou reunião de documentos etc.

Noutro giro, tem-se que todas as especificações fixadas pelo licitante em sua proposta comercial vinculam o proponente em razão do disposto no art. 54, §1º, da Lei nº 8.666/93[14] e no art. 89, §2º, da Lei nº 14.133/21.[15]

---

[14] "Art. 54. Os contratos administrativos de que trata esta Lei regulam-se pelas suas cláusulas e pelos preceitos de direito público, aplicando-se-lhes, supletivamente, os princípios da teoria geral dos contratos e as disposições de direito privado.
§1º Os contratos devem estabelecer com clareza e precisão as condições para sua execução, expressas em cláusulas que definam os direitos, obrigações e responsabilidades das partes, em conformidade com os termos da licitação e da *proposta a que se vinculam.*" (destacou-se).

[15] "Art. 89. Os contratos de que trata esta Lei regular-se-ão pelas suas cláusulas e pelos preceitos de direito público, e a eles serão aplicados, supletivamente, os princípios da teoria geral dos contratos e as disposições de direito privado.

Sendo assim, passa-se a analisar a estrutura e os elementos de uma proposta comercial no âmbito da Nova Lei de Licitações e das Instruções Normativas nºs 67/21[16] e 73/22[17] editadas pela SEGES/ME.

1.1 A estrutura e forma da proposta ou oferta comercial

1.1.1 A proposta comercial física

A proposta comercial, até o advento da internet – momento em que se permite o processamento eletrônico de licitações –, sempre foi apresentada fisicamente, assentada em papel, no envelope n° 2, cujo teor consigna todos os elementos e características os quais à frente trataremos especificamente, e se conhece, em mais de 23 anos de experiência em contratações públicas do autor, oferta apresentada no certame em formato que não fosse físico, a exemplo de áudio ou ainda que utilizasse elementos audiovisuais.

É oportuno ressaltar que, além da introdução da proposta comercial física no envelope, poderá o edital solicitar que a oferta seja apresentada também em formato eletrônico, devendo constar de um CD, DVD ou *pen drive*. Nesse caso, o esquecimento de atendimento de uma exigência desse gênero não gera a desclassificação da oferta, mas, sim, deverá ser oportunizada a possibilidade de apresentação em prazo a ser fixado pela Administração.

(...)
§2º Os contratos deverão estabelecer com clareza e precisão as condições para sua execução, expressas em cláusulas que definam os direitos, as obrigações e as responsabilidades das partes, em conformidade com os termos do edital de licitação e os da proposta vencedora ou com os termos do ato que autorizou a contratação direta e os da *respectiva proposta.*" (destacou-se).

[16] Instrução Normativa SEGES/ME nº 67, de 8 de julho de 2021, que dispõe sobre a dispensa de licitação, na forma eletrônica, de que trata a Lei nº 14.133, de 1º de abril de 2021, e institui o Sistema de Dispensa Eletrônica, no âmbito da Administração Pública federal direta, autárquica e fundacional.

[17] Instrução Normativa SEGES/ME nº 73, de 30 de setembro de 2022, que dispõe sobre a licitação pelo critério de julgamento por menor preço ou maior desconto, na forma eletrônica, para a contratação de bens, serviços e obras, no âmbito da Administração Pública federal direta, autárquica e fundacional.

Demais disso, viola o princípio da competitividade exigir a presença do representante legal na sessão pública para apresentação dos envelopes, devendo ocorrer o recebimento das propostas enviadas via postal.[18] [19] [20]

É oportuno salientar que somente deve constar uma proposta comercial por envelope, sendo comuns editais fixarem que a observância desta ocorrência autoriza a Administração a vincular ao certame aquela de menor valor.

A proposta comercial deverá estar introduzida em um envelope lacrado, podendo a Administração recusar um invólucro que esteja violado.

1.1.2 A proposta comercial eletrônica

Com advento da internet, todavia, o cenário mudou completamente, uma vez que se iniciou o processamento dos certames eletronicamente, fato que exige que a proposta comercial seja digital, forma essa, ressalte-se, que, de maneira alguma, retira a exigibilidade de seu conteúdo, pois não é pelo fato desta não estar em suporte físico que não há vinculação do proponente.

Nos certames eletrônicos, seja no âmbito da Nova Lei de Licitações ou não, um licitante não poderá, em hipótese nenhuma,

---

[18] TCU – Decisão nº 653/1996 – Plenário – Relatoria Ministro Iram Saraiva – "3.19. evitar, nos editais de licitação, a exigência de apresentação das propostas através de representante legal, impedindo o seu encaminhamento por via postal, por se tratar de prática vedada pelo art. 3º, parágrafo 1º, inciso I, da Lei nº 8.666/93".

[19] TCU – Acórdão nº 84/1999 – Plenário – Trecho do relatório do Ministro Relator Lincon M. da Rocha – "A redação 'in fine' do §2º do art. 43 da Lei 8.666/93 deixa bem claro que a presença dos licitantes à sessão de abertura das propostas é facultativa. Daí não se poder pretender exclusão de benefícios para o licitante ausente ou mesmo lhe atribuir a qualidade de desinteressado no curso da licitação".

[20] TCE/MG – Representação nº 719380 – Relatoria: Conselheiro Antônio Carlos Andrada. Sessão do dia 05.12.2006 – "Conforme se depreende do item 3.2: 'Não serão aceitas documentação e propostas remetidas por via postal ou fac-símile'. Contudo, a restrição imposta aos licitantes não encontra amparo no ordenamento jurídico. A Constituição da República, no art. 37, inc. XXI, estabelece como princípios norteadores do processo licitatório a isonomia entre os licitantes e a ampla concorrência, sendo que qualquer ato tendente a restringir a participação dos interessados será tido como nulo. Neste sentido, entendo que vedar a apresentação de propostas por via postal restringe o caráter competitivo do certame, eis que, se não impede a participação de interessados de outras localidades, no mínimo, dificulta, o que não se coaduna com o texto constitucional e os preceitos basilares da licitação".

encaminhar a sua proposta de outra forma que não seja pelo preenchimento no sistema competente,[21] [22] que ocorrerá por meio de acesso à ferramenta através de sua chave de acesso e senha, sendo totalmente descabido encaminhar a oferta por e-mail ou por meio de *login* e senha que não sejam da pessoa jurídica que irá participar do certame.

Na ocasião do cadastramento e/ou[23] *upload* da proposta inicial, oferecimento de lances e apresentação da proposta readequada, é dever do licitante acompanhar as operações e a funcionalidade no sistema eletrônico de seus computadores e daquele que será utilizado para participação, sendo o único responsável pelo ônus decorrente da perda do negócio decorrente da inobservância de quaisquer mensagens emitidas pelo sistema ou de sua desconexão.[24] [25]

Logo, a estrutura tecnológica do licitante deve ser objeto de redobrada atenção, fazendo parte da estratégia da empresa para vencer certames públicos.

Outrossim, deve o licitante conhecer as peculiaridades de cada portal de processamento de licitação, uma vez que pode cada sistema, seja público ou privado, deter particularidades de qualquer sorte, a exemplo de limitar o tamanho do arquivo eletrônico que assenta a proposta comercial, fato que pode prejudicar a realização do *upload* no momento oportuno, por exemplo, na ocasião fatal de encaminhamento da proposta readequada, fato que pode

---

[21] Art. 8º da Instrução Normativa SEGES/ME nº 67, de 8 de julho de 2021, que dispõe sobre a dispensa de licitação, na forma eletrônica, de que trata a Lei nº 14.133, de 1º de abril de 2021, e institui o Sistema de Dispensa Eletrônica, no âmbito da Administração Pública federal direta, autárquica e fundacional.

[22] Art. 18 da Instrução Normativa SEGES/ME nº 73, de 30 de setembro de 2022, que dispõe sobre a licitação pelo critério de julgamento por menor preço ou maior desconto, na forma eletrônica, para a contratação de bens, serviços e obras, no âmbito da Administração Pública federal direta, autárquica e fundacional.

[23] Poderá o sistema exigir que a proposta comercial seja cadastrada, tendo seus dados inseridos no sistema, sendo exigido, ainda, que o arquivo que assenta o seu conteúdo seja objeto de upload no local oportuno.

[24] Art. 10 da Instrução Normativa SEGES/ME nº 67, de 8 de julho de 2021, que dispõe sobre a dispensa de licitação, na forma eletrônica, de que trata a Lei nº 14.133, de 1º de abril de 2021, e institui o Sistema de Dispensa Eletrônica, no âmbito da Administração Pública federal direta, autárquica e fundacional.

[25] Art. 13, inc. IV, da Instrução Normativa SEGES/ME nº 73, de 30 de setembro de 2022, que dispõe sobre a licitação pelo critério de julgamento por menor preço ou maior desconto, na forma eletrônica, para a contratação de bens, serviços e obras, no âmbito da Administração Pública federal direta, autárquica e fundacional.

prejudicar a continuidade do licitante detentor da proposta mais vantajosa no certame.

Cadastre antecipadamente os dados da proposta comercial no sistema, considerando a possibilidade deste apresentar alguma dificuldade que torne o lançamento dos dados da oferta lento ou que propicie a inserção com erro, dúvida, situação que pode inviabilizar a participação, a redução da possibilidade de disputa por meio de lances ou até mesmo a sua desclassificação ou recusa.

Se o sistema for aberto um pouco antes da abertura da licitação, verifique se o prazo entre a liberação da plataforma e o início do certame é adequado, pois pode tal lapso não ser suficiente para regular o cadastramento da proposta e seus elementos. Assim sendo confirmado, registre imediatamente no sistema e represente tal fato ao órgão de controle interno.

A depender do valor da contratação e da possibilidade de ocorrência de inconsistências, *bugs* ou outras adversidades durante o processamento da licitação pela internet, fatos estes que podem prejudicar a permanência do particular no certame, de modo a garantir que tais ocorrências fiquem registradas e sejam indiscutivelmente provadas, sugere-se que as empresas contratem um tabelião para o acompanhamento de todo o certame, de modo que sejam registradas todas as ocorrências em uma ata notarial.

Meros erros formais verificados na oferta não podem acarretar a desclassificação da proposta. Conforme será estudado em capítulo oportuno desta obra, dada a redação contida no art. 59, inc. I, da Nova Lei de Licitações, somente serão desclassificadas propostas que detenham vícios insanáveis. Por exemplo, é incorreta a eliminação de propostas que tenham planilhas apresentadas em formato distinto do ".doc".[26]

Por derradeiro, em tese, problema algum inexistirá, caso, na ocasião do processamento da licitação, seja presencial ou eletrônica, observe-se apenas então somente uma proposta comercial cadastrada no sistema eletrônico ou apenas um proponente na sala de licitações.[27] Dizemos como regra, uma vez que será ilegal

---

[26] TRF 1ª – AGA 2008.01.00.019616-0/DF

[27] TCU – Acórdão nº 145/2002 – Plenário – Trecho do voto do Ministro Relator Adylson Motta – "A licitação procedida pelo TRT/PB para aquisição de veículo não pode ser tida como

avançar na condução do certame caso exista alguma cláusula editalícia restritiva de participação de particulares não acudirem ao chamado da administração pública licitante ou a prática de algum comportamento da Administração que venha a restringir a competitividade do certame, a exemplo de não permitir o credenciamento de um licitante que chegou após o horário final de recebimento das propostas, mas antes do horário de abertura dos envelopes ou finalização do credenciamento das empresas que acudiram ao chamado do Poder Público. Sobre tal assunto, recomenda-se a leitura de nosso artigo denominado "A licitação e a presença de apenas um licitante", publicado nº 60 da Revista Trimestral de Direito Público [RTDP], Editora Malheiros, e na Revista do Tribunal de Contas da União.

1.1.3 Os três momentos da fixação de preços na proposta comercial

Colocada a questão da apresentação da proposta física e da oferta eletrônica, ressaltamos três momentos em que os valores lá consignados são produzidos ou modificados, ocasiões estas que merecem destaque nesta obra. Vejamos.

O primeiro ocorre quando o licitante elabora a oferta em momento anterior à abertura do certame, ocasião que se debruça sobre o edital e seus anexos para aprofundadamente estudar as condições lá fixadas, fato que permite a fixação de um preço[28] estruturado em uma proposta que seja firme, séria e concreta, conforme as palavras de Marcelo Caetano.[29]

---

viciada, consoante entendeu esta Corte de Contas. As especificações técnicas do veículo definidas no edital da competição por aquele órgão, mesmo tendo restringido o universo de concorrentes, deu ensejo a que mais de um competidor ocorresse ao chamamento público. Se apenas uma empresa apresentou proposta, dentro do preço de mercado aceito, isto não significa direcionamento do certame".

[28] "É a importância paga por um bem ou serviço na sua comercialização. Corresponde à soma dos custos, diretos e indiretos, e do lucro da empresa fornecedora dos serviços". ALTOUNIAN, Cláudio Sarian. *Obras Públicas*: Licitação, Contratação, Fiscalização e Utilização. 3. ed. rev. e ampl. Belo Horizonte, Fórum, 2012, p. 71.

[29] CAETANO, Marcelo. *Princípios fundamentais de Direito Administrativo*. Rio de Janeiro: Forense, 1989, p. 232.

Tal proposta é apresentada dentro do envelope nas licitações presenciais ou oferecida mediante o *upload* do seu arquivo ou cadastramento de todas ou de algumas[30] de suas informações no sistema eleito pela Administração, que processará a competição, que, no âmbito da Nova Lei de Licitações, por meio da modalidade pregão ou concorrência, conforme trata o art. 17, §2º,[31] ou, ainda, diálogo competitivo, conforme prevê o art. 4º, inc. III, da Instrução Normativa SEGES/ME nº 73, de 30 de setembro de 2022, dispõe sobre a licitação pelo critério de julgamento por menor preço ou maior desconto, na forma eletrônica, para a contratação de bens, serviços e obras, no âmbito da Administração Pública federal direta, autárquica e fundacional.[32]

Caso a Administração venha a alterar as condições do edital, de modo a prejudicar a formulação das propostas comerciais, é necessário que o prazo de publicidade do certame seja devidamente postergado, sob pena de violação do princípio da competitividade.

Sobre tal assunto manifesta-se o Poder Judiciário e as Cortes de Contas:

> 2. Há violação ao princípio da estrita vinculação ao edital, quando a Administração cria nova exigência editalícia sem a observância do prescrito no §4º do art. 21 da Lei nº 8.666/93. STJ – MS nº 5.631/DF – Relatoria: Ministro José Delgado
> O princípio da vinculação ao 'instrumento convocatório' norteia a atividade do Administrador no procedimento licitatório, que constitui ato administrativo formal e se erige em freios e contrapesos aos poderes da autoridade julgadora. O devido processo legal se traduz (no procedimento da licitação) na obediência à ordenação e à sucessão das fases procedimentais consignadas na lei e do edital de convocação,

---

[30] Não obstante o edital exija o cadastramento de apenas algumas informações no sistema, todas as especificações do objeto contidas na proposta vinculam o proponente para todos os efeitos.

[31] "Art. 17. O processo de licitação observará as seguintes fases, em sequência:
(...)
§2º As licitações serão realizadas preferencialmente sob a forma eletrônica, admitida a utilização da forma presencial, desde que motivada, devendo a sessão pública ser registrada em ata e gravada em áudio e vídeo."

[32] "Art. 4º O critério de julgamento de menor preço ou maior desconto será adotado:
I – na modalidade pregão, obrigatoriamente;
II – na modalidade concorrência, observado o art. 3º;
III – na fase competitiva da modalidade diálogo competitivo, quando for entendido como o mais adequado à solução identificada na fase de diálogo."

sendo este inalterável através de mera comunicação interna aos licitantes (art. 21, §4º, da Lei nº 8.666/93). Desde que iniciado o procedimento do certante, a alteração do Edital, com reflexo nas propostas já apresentadas, exige a divulgação pela mesma forma que se deu ao texto original, determinando-se a publicação (do Edital) pelo mesmo prazo inicialmente estabelecido. O aviso interno, como meio de publicidade às alterações subsequentes ao instrumento de convocação, desatende à legislação de regência e gera aos participantes o direito subjetivo a ser protegido pelo mandado de segurança. – STJ – MS nº 5755/DF – Relatoria: Ministro Demócrito Reinaldo 9.1. determinar à Prefeitura de Tubarão/SC que: (...) 9.1.2. ao efetuar modificações em edital de licitação capazes de afetar a formulação das propostas, atente para a forma de divulgação e para a reabertura de prazos disciplinados no art. 21, §4º da Lei 8.666/93. TCU – Acórdão nº 344/2004 – Plenário – Relatoria: Ministro Walton Alencar Rodrigues 4. Constatada incompatibilidade entre dispositivos do edital de licitação, impõe-se sua adequação e divulgação da retificação pelos mesmos meios utilizados para publicidade do texto original e a reabertura do prazo inicialmente estabelecido. TCU – Acórdão nº 114/2007 – Plenário – Relatoria: Ministro Benjamin Zymler

ADMINISTRATIVO E CONSTITUCIONAL. LICITAÇÃO. CONCORRÊNCIA PÚBLICA. ALTERAÇÃO DO EDITAL NA VÉSPERA DA APRESENTAÇÃO DAS PROPOSTAS. INEXISTÊNCIA DE PUBLICAÇÃO. ANULAÇÃO DO ATO. VIOLAÇÃO AOS PRINCÍPIOS DA NÃO SURPRESA E DA PUBLICIDADE. I – O princípio da publicidade, previsto no art. 3º da Lei nº 8.666/93, alcança todas as fases do procedimento licitatório, para assegurar a participação de interessados e a fiscalização de sua legalidade. II – A comunicação de alteração das exigências editalícias para participação na Concorrência GRA/BA nº 02/2003 apenas àqueles já participantes da licitação, sem a devida publicidade através de novo edital, deixando de oportunizar a interessados a oferta de novas propostas, implica violação ao princípio da publicidade, consubstanciado no artigo 21, parágrafo 4º, da Lei n. 8.666/93, cujo texto estabelece que: 'qualquer modificação no edital exige divulgação pela mesma forma que se deu o texto original, reabrindo-se o prazo inicialmente estabelecido, exceto quando, inquestionavelmente, a alteração não afetar a formulação das propostas.' III – Necessidade de publicação do novo edital, a fim de permitir a habilitação de outras empresas porventura interessadas. IV – Remessa oficial desprovida (REOMS 2003.33.00.010210-9/BA; Relatoria: Des. Fed. Daniel Paes Ribeiro – Órgão Julgador: 6º T- Publicação: 24/04/2006). TRF 1ª Região – REOMS 2003.33.00.010210-9/BA; Relatoria: Des. Fed. Daniel Paes Ribeiro.

Outra circunstância que prejudica a formulação de propostas comerciais, fato que pode inviabilizar a participação no certame, relaciona-se ao prazo exíguo fixado no edital para abertura da licitação. Com uso do pregão, cujo prazo mínimo de publicidade é de oito dias úteis, a depender do objeto da licitação, o referido lapso apresenta-se insuficiente para a estruturação de uma proposta séria. Neste caso, deve o licitante solicitar a prorrogação do prazo de publicidade do certame.

O segundo momento que se observa é o oferecimento de outra oferta, não detendo esta, todavia, a roupagem da proposta inicial, ocorre quando o licitante pode, na forma da Lei ou regulamento, apresentar lances sucessivos,[33] sendo essa uma das grandes inovações observadas no pregão, haja vista a possibilidade de redução ou aumento do valor da contratação por meio da disputa verbal ou não entre os competidores.

Melhor explicando, na ocasião da fase de lances, observa-se a redução da proposta comercial nas licitações cujo critério de julgamento é o menor lance, ou o aumento do valor, nos certames cujo critério de julgamento é o maior lance.

A seriedade com que é elaborada a proposta comercial preliminar deve ser aplicada pelo licitante quando este participa da fase de lance. Logo, deve o licitante realizar um estudo de modo a cravar seu menor valor, que deverá ser distribuído em lances conforme a estratégia montada à luz das regras do edital no tocante à referida fase, evitando, assim, reduções drásticas ou "mergulhos".

No tocante às licitações realizadas pela internet, conforme fixa o art. 22 da IN nº 73/22, da SEGES/ME, observa-se que os licitantes poderão encaminhar lances exclusivamente por meio do sistema eletrônico, não podendo ocorrer de outra forma, a exemplo da transmissão por *e-mail*, telefone ou aplicativos de mensagens eletrônicas.

Uma primeira novidade observada nos regulamentos da União sobre licitação ou dispensa eletrônica relaciona-se à

---

[33] Art. 12 da Instrução Normativa SEGES/ME nº 67, de 8 de julho de 2021, que dispõe sobre a dispensa de licitação, na forma eletrônica, de que trata a Lei nº 14.133, de 1º de abril de 2021, e institui o Sistema de Dispensa Eletrônica, no âmbito da Administração Pública federal direta, autárquica e fundacional.

possibilidade da automatização dos lances, conforme observa-se da leitura do art. 9º da Instrução Normativa SEGES/ME nº 67, de 8 de julho de 2021,[34] e do art. 19 da Instrução Normativa SEGES/ME nº 73, de 30 de setembro de 2022.[35] Esclareça-se que tal regulamento pode ser utilizado por outras administrações, conforme fixa o art. 187 da Nova Lei de Licitações.[36]

Outrossim, o art. 21, §3º, da IN nº 73/22 fixa que o particular licitante poderá, uma única vez, excluir seu último lance ofertado, no intervalo de 15 segundos após o registro no sistema, na hipótese de lance inconsistente ou inexequível, nos termos dos arts. 33 e 34 do referido regulamento.[37] Muito louvável tal iniciativa, pois, no calor da licitação, é muito comum a digitação equivocada.

---

[34] "Art. 9º Quando do cadastramento da proposta, na forma do art. 8º, o fornecedor poderá parametrizar o seu valor final mínimo e obedecerá às seguintes regras:
I – a aplicação do intervalo mínimo de diferença de valores ou de percentuais entre os lances, que incidirá tanto em relação aos lances intermediários quanto em relação ao lance que cobrir a melhor oferta; e
II – os lances serão de envio automático pelo sistema, respeitado o valor final mínimo estabelecido e o intervalo de que trata o inciso I.
§1º O valor final mínimo de que trata o caput poderá ser alterado pelo fornecedor durante a fase de disputa, desde que não assuma valor superior a lance já registrado por ele no sistema.
§2º O valor mínimo parametrizado na forma do *caput* possuirá caráter sigiloso para os demais fornecedores e para o órgão ou entidade contratante, podendo ser disponibilizado estrita e permanentemente aos órgãos de controle externo e interno."

[35] "Art. 19. Quando do cadastramento da proposta, na forma estabelecida no art. 18, o licitante poderá parametrizar o seu valor final mínimo ou o seu percentual de desconto final máximo e obedecerá às seguintes regras:
I – a aplicação do intervalo mínimo de diferença de valores ou de percentuais entre os lances, que incidirá tanto em relação aos lances intermediários quanto em relação ao lance que cobrir a melhor oferta; e
II – os lances serão de envio automático pelo sistema, respeitado o valor final mínimo estabelecido e o intervalo de que trata o inciso I.
§1º O valor final mínimo ou o percentual de desconto final máximo de que trata o caput poderá ser alterado pelo fornecedor durante a fase de disputa, sendo vedado:
I – valor superior a lance já registrado pelo fornecedor no sistema, quando adotado o critério de julgamento por menor preço; e
II – percentual de desconto inferior a lance já registrado pelo fornecedor no sistema, quando adotado o critério de julgamento por maior desconto.
§2º O valor final mínimo ou o percentual de desconto final máximo parametrizado na forma do caput possuirá caráter sigiloso para os demais fornecedores e para o órgão ou entidade promotora da licitação, podendo ser disponibilizado estrita e permanentemente aos órgãos de controle externo e interno."

[36] "Art. 187. Os Estados, o Distrito Federal e os Municípios poderão aplicar os regulamentos editados pela União para execução desta Lei."

[37] "Art. 33. No caso de obras e serviços de engenharia, serão consideradas inexequíveis as propostas cujos valores forem inferiores a 75% (setenta e cinco por cento) do valor orçado pela Administração.

Outra novidade encontra-se fixada no art. 21, §4º, da IN nº 73/22, que estabelece que o agente de contratação ou a comissão de contratação, quando o substituir, poderá, durante a disputa, como medida excepcional, excluir a proposta ou o lance que possa comprometer, restringir ou frustrar o caráter competitivo do processo licitatório mediante comunicação eletrônica automática via sistema.

Caso o licitante não ofereça lances, continuará o proponente no certame, concorrendo com o valor da sua proposta comercial que apresentou na sessão pública ou cadastrou no sistema, sendo ilegal qualquer pretensão que busque exclui-lo do certame em razão de não ter participado da etapa competitiva.

Por derradeiro, a terceira ocasião em que a oferta deve ser destacada e comentada ocorre quando é necessária a apresentação da proposta readequada aos valores consignados à luz do valor do último lance aceito e registrado no certame[38] ou negociação,[39] observando a forma da oferta preliminar, com toda a sua estrutura e elementos.

A proposta readequada somente será solicitada pela Administração apenas para o licitante melhor classificado, onde ele deve, no prazo estabelecido no edital, conforme fixa o art. 29, §2º, da IN nº 73/22, ou seja, duas horas,[40] apresentar a oferta condizente com o seu último lance.

Art. 34. No caso de bens e serviços em geral, é indício de inexequibilidade das propostas valores inferiores a 50% (cinquenta por cento) do valor orçado pela Administração.
Parágrafo único. A inexequibilidade, na hipótese de que trata o caput, só será considerada após diligência do agente de contratação ou da comissão de contratação, quando o substituir, que comprove:
I – que o custo do licitante ultrapassa o valor da proposta; e
II – inexistirem custos de oportunidade capazes de justificar o vulto da oferta."

[38] "Art. 31. No caso de licitações em que o procedimento exija apresentação de planilhas com indicação dos quantitativos e dos custos unitários, bem como com detalhamento das Bonificações e Despesas Indiretas (BDI) e dos Encargos Sociais (ES), esta deverá ser encaminhada pelo sistema com os respectivos valores readequados à proposta vencedora."

[39] "§4º Observado o prazo de que trata o §2º do art. 29, o agente de contratação ou a comissão de contratação, quando o substituir, deverá solicitar, no sistema, o envio da proposta e, se necessário, dos documentos complementares, adequada ao último lance ofertado após a negociação."

[40] "§2º O edital de licitação deverá estabelecer prazo de, no mínimo, duas horas, prorrogável por igual período, contado da solicitação do agente de contratação ou da comissão de contratação, quando o substituir, no sistema, para envio da proposta e, se necessário, dos documentos complementares, adequada ao último lance ofertado."

Em nosso sentir, tem-se que tal prazo é o mínimo a ser oferecido pela Administração, podendo ser ampliado, bem como prorrogado na ocasião do processamento da licitação, haja vista a possibilidade de ocorrências de adversidades de toda natureza. Assim deve acontecer, haja vista garantir a competitividade e contratação da proposta mais vantajosa, não podendo ser excluído do certame um licitante em razão da impossibilidade de atendimento do prazo para envio da proposta reordenada. Na impossibilidade de encaminhamento pelo sistema, em razão de falhas de conectividade do particular ou Poder Público, por exemplo, nos parece que deverá a Administração aceitar o recebimento via e-mail da oferta readequada, devendo a ocorrência ser fixada no processo administrativo.

Em caso de observância de falhas na proposta readequada, entende-se que o pregoeiro deve analisar a respectiva planilha e avaliar a gravidade do equívoco lá verificado, uma vez que pode ser vício de forma, a exemplo de um mero equívoco ou um vício material. Com efeito, sendo possível o saneamento da falha, deve assim ocorrer, pois o art. 59 da Nova Lei de Licitações fixa que somente serão desclassificadas as propostas que contenham vícios insanáveis.[41]

De modo a permitir uma atuação eficiente da Administração nesta ocasião, recomenda-se que tal proposta readequada, quando em pdf, seja do tipo "pesquisável".

Esclareça-se que pode um particular licitante apresentar, retirar e substituir sua proposta no sistema eletrônico até o momento da abertura da sessão, que estará claro no ato convocatório, conforme fixa o art. 18, §4º, da Instrução Normativa SEGES/ME nº 73, de 30 de setembro de 2022, que dispõe sobre a licitação pelo critério de julgamento por menor preço ou maior desconto, na forma eletrônica, para a contratação de bens, serviços e obras, no âmbito da Administração Pública federal direta, autárquica e fundacional.

Iniciando-se, todavia, a abertura da sessão pública, estando cadastrada a proposta comercial do licitante no certame eletrônico, tal fato implica a plena e irrestrita aceitação, pelo licitante, de todas

---

[41] "Art. 59. Serão desclassificadas as propostas que: I – contiverem vícios insanáveis;"

as condições fixadas no edital e seus anexos, não sendo possível a exclusão da sua oferta.

1.1.4 O excesso de rigorismo no julgamento da proposta comercial

Poderá a Administração licitante solicitar que a proposta comercial seja elaborada na forma do modelo anexado no edital. Tal exigência tem como escopo facilitar a atuação da comissão de contratação, haja vista a possibilidade de certames terem dezenas ou centenas de itens. Assim, a padronização torna mais eficiente a atuação da Administração.

Em nosso sentir, todavia, não nos parece ser adequada a desclassificação da proposta comercial que não foi produzida conforme o modelo apresentado, sob pena de violação do disposto no art. 59, inciso I, da Nova Lei de Licitações.

Logo, no tocante à forma da proposta comercial, não deve a Administração se ater a detalhes irrelevantes, especialmente erros ou omissões cuja verificação no caso concreto não prejudique o conteúdo da oferta, sob pena de empreender o julgamento da proposta com excesso de rigor. Tal comportamento é ilegal, pois pode afastar potenciais propostas vantajosas.

Por exemplo, é ilegal desclassificar proposta comercial em razão:

1. da observância do valor da proposta grafado somente em algarismos, sem a indicação por extenso;[42]

2. da falta de assinatura no local predeterminado na proposta comercial;[43]

---

[42] STJ – MS 5418/DF e TCU – Decisão 56/1998 – Plenário.

[43] "MANDADO DE SEGURANÇA. ADMINISTRATIVO. LICITAÇÃO. PROPOSTA TÉCNICA. INABILITAÇÃO. ARGUIÇÃO DE FALTA DE ASSINATURA NO LOCAL PREDETERMINADO. ATO ILEGAL. EXCESSO DE FORMALISMO. PRINCÍPIO DA RAZOABILIDADE. 1. A interpretação dos termos do Edital não pode conduzir a atos que acabem por malferir a própria finalidade do procedimento licitatório, restringindo o número de concorrentes e prejudicando a escolha da melhor proposta. 2. O ato coator foi desproporcional e desarrazoado, mormente tendo em conta que não houve falta de assinatura, pura e simples, mas assinaturas e rubricas fora do local preestabelecido, o que não é suficiente para invalidar a proposta, evidenciando claro excesso de formalismo. Precedentes. 3. Segurança concedida. (grifo nosso) STJ – MS 5869/DF – PRIMEIRA SEÇÃO (BRASIL, 2002)."

ANIELLO PARZIALE
ASPECTOS JURÍDICOS DO BDI PARA OBRAS E SERVIÇOS

3. de ser apresentada em apenas uma via, quando o edital solicitou duas cópias;[44]

4. das suas páginas não estarem sequencialmente numeradas, conforme exigido no edital;

5. de não indicar na oferta o número da conta-corrente bancária para fins de pagamentos devidos em razão da execução do objeto do contrato conforme exigido no edital;[45]

6. de indicar apenas os valores unitários dos itens, preço mensal etc., não assentando o valor global para executar o objeto demandado;

7. de apresentar proposta comercial e planilha de custos em papel timbrado, quando o edital assim exigia;

8. de apresentar proposta comercial e planilha sem o carimbo do CNPJ da empresa, quando o edital assim exigia;

9. de apresentar proposta comercial e planilha sem a assinatura do responsável técnico da empresa, quando o edital assim exigia;

10. de não ser realizado, nos momentos iniciais do certame, o *upload* da oferta inicial, cujo teor foi reproduzido no sistema e foi objeto de modificação futura em razão dos lances ofertados;

11. de não juntar a convenção coletiva anexada na proposta comercial;[46]

---

[44] TCU – Decisão nº 17/2001 – Plenário – Trecho do voto do Ministro Relator Adylson Mota – "Com efeito, configuraria um desarrazoado formalismo inabilitar um participante de certame licitatório tão-somente à conta de que, ao contrário do previsto no edital, a proposta não fora apresentada em 2 (duas) vias e de que o envelope não indicava na sua parte externa o nome do proponente e informações referentes à licitação. Desde que a ausência desses elementos não crie qualquer dificuldade à identificação dos licitantes e à análise das propostas apresentadas, não atenderia ao interesse público, a pretexto de um rigoroso cumprimento da 'lei do certame', afastar do procedimento licitatório os concorrentes cujas propostas se apresentassem com tais imprecisões. Como bem assentou-se em acórdão do Superior Tribunal de Justiça, 'o formalismo no procedimento licitatório não significa que se possam desclassificar propostas eivadas de simples omissões ou defeitos irrelevantes'."

[45] TCU – Acórdão nº 290/2006.

[46] "ADMINISTRATIVO, LICITAÇÃO. VINCULAÇÃO AO EDITAL. FORMALISMO. EXCESSO. – Deve ser desconsiderado o excesso de formalismo que venha a prejudicar o interesse público. – Não é razoável a desclassificação da proposta mais vantajosa para a Administração Pública na hipótese de meros equívocos formais. A ausência de juntada da cópia da Convenção Coletiva do Trabalho e a "suposta" falta de especificação da reserva técnica incidente sobre os insumos nenhum prejuízo trouxe ao Certame e à Administração (TRF4, MAS 2000.04,01,111700-0, Terceira Turma, Relator Eduardo Tonetto Picarelli, DJ 03. 04.2002)."

12. de observância de erro em célula na planilha que acaba por zerar o valor, falha esta possível de ser saneada;

13. da ausência de reconhecimento de firma na oferta;[47]

14. de não constar o nome do representante legal do licitante na proposta comercial, mas apenas a sua assinatura, dado esse que pode ser verificado por meio de diligência na documentação habilitatória.

1.2 Identificação do proponente

A identificação do proponente na proposta comercial caracteriza-se pela verificação dos dados lançados na oferta, que acaba por individualizar a pessoa física ou jurídica que se compromete a executar o objeto do certame pelo valor e condições lá fixadas.

Assim é necessário para que se caracterize o compromisso futuro da pessoa que acudiu ao chamado da Administração, uma vez que, por meio dos dados inseridos na parte preambular da oferta, permite-se identificar o licitante e, na parte derradeira, a pessoa que detém a competência para assiná-la, caso o licitante seja uma pessoa jurídica.

Por meio de competentes documentos exigidos no credenciamento da licitação, permite-se que seja aferido se a pessoa que assinou a proposta comercial efetivamente detém poderes para assim realizar, devendo ser desclassificada uma oferta assinada por pessoa desprovida de atributos para assumir obrigações.

Deve-se atentar para a parte preambular da proposta comercial, especialmente para a razão social e o CNPJ, que deve ser confirmado pelo agente de contratação, uma vez que, hoje, diversos empresários, por razões estratégicas, operam em licitações com diversas empresas, com CNPJs distintos, porém, com razões sociais assemelhadas, fato que pode propiciar que uma pessoa jurídica

---

[47] "ADMINISTRATIVO. RECURSO ESPECIAL. FALTA DE RECONHECIMENTO DE FIRMA EM CERTAME LICITATÓRIO. 1. A ausência de reconhecimento de firma é mera irregularidade formal, passível de ser suprida em certame licitatório, em face dos princípios da razoabilidade e proporcionalidade. 2. Recurso especial improvido" (STJ – REsp 542.333/RS, Relator: Min. Castro Meira).

que não participou da licitação venha a ter uma proposta comercial introduzida no certame, fato que acarretará a exclusão do licitante e alijamento da oferta.

A tempo, ressalte-se que, nas licitações eletrônicas, os licitantes não poderão em hipótese nenhuma se identificar na proposta, seja no *upload* da proposta ou cadastramento no sistema eletrônico, sob pena de desclassificação, conforme denota-se da leitura do art. 21, §6º, da Instrução Normativa nº 73/22.[48] Com efeito, não pode ser inserido nenhum elemento que, porventura, possa identificar a proposta, como razão social, marca, patente, endereço[49] ou outro elemento que individualize um licitante.

Assim deve ocorrer, pois a identificação do licitante pode propiciar a violação do princípio da impessoalidade[50] e o sigilo das propostas pela Administração, uma vez que há uma tendência da Administração licitante sempre ter um particular preferido e tentar, de toda forma, viabilizar a contratação deste.

1.3 Objeto da licitação

O objeto da licitação caracteriza-se pela individualização do bem ou coisa que a Administração Pública pretende adquirir, o serviço que o Poder Público busca contratar ou a obra que almeja o Estado deter, devendo as suas especificações, de forma clara e sucinta, estarem fixadas no ato convocatório ou nos seus anexos.

---

[48] "§6º Durante a sessão pública, os licitantes serão informados, em tempo real, do valor do melhor lance registrado, vedada a identificação do licitante."

[49] Uma das fábricas da multinacional Nestlé fica estabelecida na Av. Henry Nestlé, 1.500, no Município de Caçapava/SP.

[50] Sobre o referido princípio, já tivemos a oportunidade de anotar que: "No que diz respeito ao princípio da impessoalidade, calha aqui lembrar que este se encontra umbilicalmente ligado ao princípio da isonomia. Ora, se a Administração Pública, em razão da isonomia, está obrigada a tratar a todos no mesmo pé de igualdade, certo é afirmar que o princípio da impessoalidade vem, em última análise, a concretizar a imposição constitucional trazida no conteúdo da isonomia. Isso porque, pelo princípio da impessoalidade, a Administração está obrigada a pautar os seus atos, única e exclusivamente, com vistas ao cumprimento do interesse público, sendo vedado, portanto, o estabelecimento de cláusulas ou condições que imponham privilégios ou prejuízos a quem quer que seja, de modo a permitir que todos sejam tratados de forma igualitária" (PIRES, Antonio Cecílio Moreira; PARZIALE, Aniello Reis. *Comentários à nova Lei de Licitações Públicas e Contratos Administrativos*: Lei nº 14.133, de 1º de abril de 2021. São Paulo: Almedina, 2022. p. 43).

Sob pena de a Administração receber algo estranho, o objeto da licitação e seus elementos apresentam-se como uma informação extremamente importante e essencial que deve constar da proposta comercial apresentada pelo proponente, seja na oferta preliminar ou readequada, de modo a garantir certeza jurídica de que o Poder Público efetivamente receberá aquilo que consta do termo de referência, por exemplo.

Da mesma forma que a Administração foi diligente no sentido de fixar as especificações do objeto que pretende adquirir no processo administrativo, que será espelhado no edital, nos parece que o licitante deve também ser claro e diligente em relação ao objeto que pretende entregar, dada a multiplicidade de opções, especificações e características que o bem, serviço ou obra pode ter, e a necessidade de garantia de previsibilidade também para a Administração, uma vez que aquilo que se demanda fará parte ou será uma etapa da implementação de uma política pública, que exige planejamento administrativo, que, inclusive, é princípio na Nova Lei de Licitações. Ilustrando o nosso raciocínio, é muito comum observar frotas de veículos paradas em razão da aquisição de peças erradas para manutenção.

Com efeito, o objeto que consta da proposta comercial deverá observar os detalhes contidos no ato convocatório, a exemplo da fixação de marca do objeto que será entregue no momento oportuno, bem como a inserção de demais especificações pertinentes do bem que pretende o licitante apresentar à Administração Pública.

Sendo assim, deverá o licitante fixar as informações do objeto a ser entregue na sua proposta comercial, na forma como exigir o ato convocatório, uma vez que a Administração pode desejar aferir alguns elementos daquilo que é oferecido pelo licitante já no momento do processamento do certame, a exemplo da marca, especificações, embalagem etc., evitando-se, assim, frustrações na ocasião em que recepciona o objeto entregue.

Com efeito, apresentar objeto diverso do previsto no edital ou apresentar a proposta sem a discriminação completa do objeto ofertado é inadmissível, pois a descrição dos bens oferecidos na proposta apresentada deve estar em consonância com a descrição do objeto licitado. Exige-se, portanto, atenção durante o estudo do edital, devendo o licitante cumprir todas as exigências fixadas no edital, pois, caso o erro verificado no caso concreto seja insanável, conforme estabelecem os incisos I e V do art. 59 da Nova Lei de Licitações, deverá a oferta ser desclassificada. Por exemplo, em nosso sentir, é caso de desclassificação da proposta comercial: 1. não comprovar a integralidade das características do objeto exigido no edital, quando o ato convocatório assim exigir; 2. apresentar na oferta objeto que não se coaduna com o descrito no edital, mesmo sendo mais potente ou de qualidade superior.

É muito comum licitantes espertalhões fixarem na oferta comercial um objeto distinto daquele que consta do edital, achando que tal artimanha passa a vincular a Administração Pública em razão do disposto no art. 54, §1º, da Lei nº 8.666/93,[51] e art. 89, §2º, da Lei nº 14.133/21,[52] que estabelece que a proposta comercial vincula o contrato administrativo. Tem-se que tal proposta comercial deve ser imediatamente alijada do certame, haja vista violar o princípio da estrita vinculação ao edital.[53]

---

[51] "Art. 54. Os contratos administrativos de que trata esta Lei regulam-se pelas suas cláusulas e pelos preceitos de direito público, aplicando-se-lhes, supletivamente, os princípios da teoria geral dos contratos e as disposições de direito privado.
§1º Os contratos devem estabelecer com clareza e precisão as condições para sua execução, expressas em cláusulas que definam os direitos, obrigações e responsabilidades das partes, em conformidade com os termos da licitação e da *proposta a que se vinculam*." (destacou-se).

[52] "Art. 89. Os contratos de que trata esta Lei regular-se-ão pelas suas cláusulas e pelos preceitos de direito público, e a eles serão aplicados, supletivamente, os princípios da teoria geral dos contratos e as disposições de direito privado.
(...)
§2º Os contratos deverão estabelecer com clareza e precisão as condições para sua execução, expressas em cláusulas que definam os direitos, as obrigações e as responsabilidades das partes, em conformidade com os termos do edital de licitação e os da proposta vencedora ou com os termos do ato que autorizou a contratação direta e os da *respectiva proposta*."(destacou-se).

[53] Sobre o referido princípio, já tivemos a oportunidade de anotar que: "No que concerne ao princípio da vinculação ao instrumento convocatório, não temos dúvidas que esse vetor é um dos mais essenciais na licitação. Deveras, o princípio da vinculação ao instrumento convocatório, além de encontrar-se explicitamente mencionado no art. 5o, encontra-se gizado também no art. 59, incisos I a V, que prevê a desclassificação das propostas que contiverem vícios insanáveis; não obedecerem às especificações técnicas pormenorizadas no edital; apresentarem preços inexequíveis ou permanecerem acima do orçamento estimado para a contratação; não tiverem sua exequibilidade demonstrada, quando exigido pela Administração; e apresentarem desconformidade com quaisquer outras exigências do edital, desde que insanável.
Há de se observar que a vinculação ao edital dirige-se tanto à Administração quanto ao licitante proponente. Se a Administração se afastar das regras do edital, estará a cometer flagrante ilegalidade, que poderá ensejar a anulação da licitação. Quanto ao licitante,

No tocante à possibilidade de saneamento das ofertas, é descabida proposta comercial que fixe a apresentação de duas marcas, devendo a Administração licitante exigir o compromisso de recebimento de apenas uma, devendo ocorrer tratativas para fixação da que será eleita, passando tal informação a constar da ata de julgamento do certame.

Não obstante, tem-se que a discriminação equivocada do quantitativo do objeto na proposta não pode gerar a desclassificação da oferta,[54] a exemplo de se mencionar a palavra "locação" quando, na verdade, pretendia referir-se à "venda" das máquinas fotocopiadoras.[55]

Em resumo, é importante consignar que é dever do licitante estudar detalhadamente o termo de referência, projeto básico ou projeto executivo do objeto que passa pelo crivo da licitação, uma vez ser extremamente comum a fixação de obrigações nestes anexos do edital. A inobservância desses detalhes, elementos e informações acarreta a desclassificação da proposta comercial, salvo se as falhas forem sanáveis, conforme estabelece o art. 59 da Nova Lei de Licitações.

1.4 Quantitativos pretendidos

É comum que uma proposta fixe os quantitativos a serem oferecidos pelo futuro contratado durante o prazo de vigência do contrato administrativo ou ata de registro de preços, na forma como estabelece o edital.

Não obstante o ato convocatório assim estabelecer a fixação dos quantitativos, cuja quantidade encontra-se lastreada nas demandas da Administração ou órgãos ou entidades participantes de Sistema de Registro de Preços, a fixação do numerário na oferta garante segurança jurídica para os licitantes.

---

deve ele atender a todos os requisitos dispostos em edital, sob pena de ser alijado do conclave, seja por meio de inabilitação, seja mediante a sua desclassificação, conforme o caso" (PIRES, Antonio Cecílio Moreira, PARZIALE, Aniello Reis. *Comentários à nova Lei de Licitações Públicas e Contratos Administrativos*: Lei nº 14.133, de 1º de abril de 2021. São Paulo: Almedina, 2022. p. 43).

[54] TJ/MA MS nº 023443/200.

[55] TJ/DF ApCv nº 50.433/98.

Até porque, em algumas hipóteses, no âmbito da Lei Federal nº 14.133/21, é permitido o oferecimento de quantitativo inferior ao máximo estabelecido, conforme observa-se da leitura do art. 82, inc. II,[56] ou do art. 15, inc. IV, do Decreto Federal nº 11.462/23.[57]

Exceção feita à situação referida, observa-se que, fixando o particular licitante qualquer quantitativo que seja inferior àquilo que exige a Administração Pública no ato convocatório, entende-se que deverá a proposta comercial ser devidamente desclassificada, haja vista a necessidade de observância do princípio da estrita vinculação do edital previsto no art. 5º da Nova Lei de Licitações.[58]

1.5 Marca do objeto a ser entregue

Haja vista a necessidade de garantia de previsibilidade na futura contratação, especialmente na ocasião da entrega do objeto demandado, e também com o escopo de verificar o atendimento de aspectos técnicos do objeto que passa pelo crivo da licitação, o ato

---

[56] "Art. 82. O edital de licitação para registro de preços observará as regras gerais desta Lei e deverá dispor sobre:

(...)

II – a quantidade mínima a ser cotada de unidades de bens ou, no caso de serviços, de unidades de medida;"

[57] "Art. 15. O edital de licitação para registro de preços observará as regras gerais estabelecidas na Lei nº 14.133, de 2021, e disporá sobre:

(...)

IV – a possibilidade de o licitante oferecer ou não proposta em quantitativo inferior ao máximo previsto no edital e obrigar-se nos limites dela;"

[58] "No que concerne ao princípio da vinculação ao instrumento convocatório, não temos dúvidas que esse vetor é um dos mais essenciais na licitação. Deveras, o princípio da vinculação ao instrumento convocatório, além de encontrar-se explicitamente mencionado no art. 5o, encontra-se gizado também no art. 59, incisos I a V, que prevê a desclassificação das propostas que contiverem vícios insanáveis; não obedecerem às especificações técnicas pormenorizadas no edital; apresentarem preços inexequíveis ou permanecerem acima do orçamento estimado para a contratação; não tiverem sua exequibilidade demonstrada, quando exigido pela Administração; e apresentarem desconformidade com quaisquer outras exigências do edital, desde que insanável.

Há de se observar que a vinculação ao edital dirige-se tanto à Administração quanto ao licitante proponente. Se a Administração se afastar das regras do edital, estará a cometer flagrante ilegalidade, que poderá ensejar a anulação da licitação. Quanto ao licitante, deve ele atender a todos os requisitos dispostos em edital, sob pena de ser alijado do conclave, seja por meio de inabilitação, seja mediante a sua desclassificação, conforme o caso" (PIRES, Antonio Cecílio Moreira; PARZIALE, Aniello Reis. *Comentários à nova Lei de Licitações Públicas e Contratos Administrativos*: Lei nº 14.133, de 1º de abril de 2021. São Paulo: Almedina, 2022. p. 54).

convocatório pode exigir que o particular, em sua proposta comercial, fixe a marca a ser oferecida durante a execução do objeto contratado.

Em nosso sentir, sendo exigida a marca na proposta comercial, tem-se que a não fixação do referido elemento na proposta comercial é caso de desclassificação, que ocorrerá quando da análise de conformidade da oferta com o edital.

Nos dizeres do saudoso mestre Hely Lopes Meirelles, "o edital é a lei interna da licitação e, como tal, vincula aos seus termos tanto os licitantes como a Administração que o expediu (art. 41). (...) À carta-convite aplicam-se, no que for cabível, as regras do edital, dentro da singeleza que caracteriza o procedimento do convite" (cf. *Direito Administrativo Brasileiro*, 29. ed. São Paulo: Malheiros, 2004, p. 268 e 284).

A nosso ver, é descabida a proposta comercial que fixa a apresentação de duas marcas, devendo a Administração licitante exigir o compromisso de recebimento de apenas uma, devendo ocorrer tratativas para a fixação da que será eleita.

Ademais, poderá ocorrer, durante a execução do contrato, que o objeto oferecido por uma determinada marca seja descontinuado. Caso isso venha a acontecer, o que deverá ser devidamente demonstrado nos autos do processo administrativo, é admitida a troca do objeto, desde que aquilo que será entregue tenha especificações iguais ou superiores àquela que constou na sua proposta comercial.

Melhor explicando, assim deve ser a postura da Administração licitante com o objetivo de manter a contratação, o que não prejudicaria o interesse público buscado com o bem demandado, desde que a contratada ofereça, sem ônus financeiro algum para a Administração, a entrega do bem supramencionado, repise-se, de características/especificações superiores ao licitado e efetivamente contratado, em substituição àquele atualmente ajustado.

Com efeito, esclareça-se que a doutrina especializada, em situações excepcionais, como a aduzida, entende ser possível a substituição do objeto contratado.

Nesse sentido é o entendimento do professor Jorge Ulisses Jacoby Fernandes, que ensina, *in verbis*:

> Tenha-se em vista a situação da retirada de um produto do mercado pelo fabricante, inviabilizando o cumprimento da obrigação de um

fornecedor, nos termos ajustados. Pode a Administração Pública aceitar produto de qualidade equivalente ou superior pelo mesmo preço.[59]

Da mesma forma é o magistério de Diogenes Gasparini, *in verbis*:

Em termos básicos, o conteúdo do contrato há de ser o do edital, embora não resulte unicamente desse ato. De fato, se o edital, como corriqueiramente se diz, é a matriz do contrato, não se tem legitimamente como aceitar qualquer discrepância entre essas duas manifestações, sob pena de nulidade do ajuste, ou, no mínimo, da cláusula destoante. (...) Se assim é em relação ao instrumento convocatório, com maior razão há de ser no concernente à proposta, que também integra o contrato. O conteúdo do contrato nesse particular não precisa ser idêntico ao da proposta mais vantajosa; basta que encerre mais vantagens para a contratante. Nenhuma nulidade causará o ajuste se os termos e condições da proposta vencedora forem discutidos e a contratante obtiver mais vantagens (menor preço, menor prazo de entrega, menor juro moratório) que as originalmente oferecidas pelo proponente e as consignar no contrato. Esse afastamento do contrato em relação à proposta vencedora cremos ser sempre possível e constitucional. O que não se permite é o distanciamento entre o contrato e a proposta com prejuízos para a contratante, conforme ensina Hely Lopes Meirelles. Essa possibilidade, no entanto, não permite que o contratado entregue e a Administração Pública aceite outro bem. Sendo o mesmo bem, admite-se modelo de qualidade superior.[60]

Esclareça-se que apresentar uma marca na proposta com erro de digitação, de forma alguma, pode gerar a desclassificação da proposta comercial, sob pena de caracterização de excesso de rigorismo na condução dos trabalhos licitatórios.

Deve-se tomar cuidado na fixação de marca na proposta comercial nas licitações eletrônicas, pois ela pode identificar o proponente, fato que exigirá a desclassificação do licitante. Caso o proponente comercialize uma marca que se confunda com a sua razão social ou nome de fantasia deverá no campo oportuno do sistema consignar a expressão "marca própria".

Conforme já salientamos, não pode ser inserido nenhum elemento que, porventura, possa identificar a proposta, como

---

[59] Cf. *Sistema de registro de preços e Pregão*. Belo Horizonte: Fórum, 2005. p. 400/401.
[60] Cf. *Direito Administrativo*. 17. ed. São Paulo: Saraiva, 2012, p. 686.

razão social, marca, patente, endereço[61] ou outro elemento que individualize um licitante.

1.6 Prazo de validade das propostas

Haja vista efetivamente garantir segurança jurídica para o licitante, pois evita o comprometimento eterno no certame, num cenário de aumento de custos e descontinuidade de objetos, o prazo de validade é elemento essencial em toda proposta comercial, sendo exigida tal informação na legislação licitatória desde o Decreto-lei nº 2.300/86.[62]

Realizando um breve registro, no âmbito da Lei Federal nº 8.666/1993, o prazo de validade das propostas é de 60 dias, conforme consta de seu art. 64, §3º.[63] Por sua vez, no âmbito da Lei do Pregão, fixou-se que o prazo de validade das propostas é de 60 dias, se outro não estiver estabelecido no edital, ou seja, pode ser inferior ou superior a dois meses. Já no bojo da Nova Lei de Licitações, tem-se que o prazo de validade das propostas não será nem um nem outro, mas aquele que for consignado no edital, conforme fixa o art. 90, §2º,[64] ou seja, qualquer um. Isto é ruim, pois a fixação de prazo de

---

[61] Uma das fábricas da multinacional Nestlé fica estabelecida na Av. Henry Nestlé, 1.500, no Município de Caçapava/SP.

[62] "Art. 54. A Administração convocará regularmente o interessado para assinar o termo de contrato, aceitar ou retirar o instrumento equivalente, dentro do prazo e condições estabelecidos, sob pena de decair do direito à contratação sem prejuízo das sanções previstas no art. 73.
(...)
§3º Decorridos 60 dias da data da abertura das propostas, sem convocação para a contratação, ficam os licitantes liberados dos compromissos assumidos."

[63] "Art. 64. A Administração convocará regularmente o interessado para assinar o termo de contrato, aceitar ou retirar o instrumento equivalente, dentro do prazo e condições estabelecidos, sob pena de decair o direito à contratação, sem prejuízo das sanções previstas no art. 81 desta Lei.
(...)
§3º Decorridos 60 (sessenta) dias da data da entrega das propostas, sem convocação para a contratação, ficam os licitantes liberados dos compromissos assumidos."

[64] "Art. 90. A Administração convocará regularmente o licitante vencedor para assinar o termo de contrato ou para aceitar ou retirar o instrumento equivalente, dentro do prazo e nas condições estabelecidas no edital de licitação, sob pena de decair o direito à contratação, sem prejuízo das sanções previstas nesta Lei.
(...)
§3º Decorrido o prazo de validade da proposta indicado no edital sem convocação para a contratação, ficarão os licitantes liberados dos compromissos assumidos."

validade das propostas alongado efetivamente pode desestimular a competição, conforme já anotado em outra obra.[65]

Temos observado que, em alguns editais, vem-se fixando prazo de validade das propostas comerciais, estabelecendo a sua suspensão em caso de recurso administrativo ou judicial. Parece-nos que tal cláusula em edital com arrimo na Lei Federal nº 8.666/1993 padece de ilegalidade, uma vez que o seu art. 64, §3º, estabelece que o prazo de validade seria 60 dias. Já no âmbito do Pregão e da Nova Lei de Licitações, onde há a possibilidade do ato convocatório estabelecer um prazo aleatório, nos parece que tal disciplina se reveste de legalidade.

Com efeito, não pode o licitante, no Brasil, onde a oscilação dos valores dos insumos e equipamentos orçados na proposta comercial ocorre para mais, para cima e pouco ou quase nunca para menos, seja em razão da inflação ou não, ficar vinculado por prazo alongado a um certame por determinado valor, que pode ser no futuro inexequível, ou seja, não executar o objeto da licitação gera insegurança extrema.

Esclareça-se que o particular adjudicatário bem como os demais licitantes realmente ficarão liberados dos compromissos assumidos caso reste expirado o prazo de validade de suas propostas, automaticamente, inexistindo qualquer tipo de condicionamento ou atuação estatal para liberar os proponentes da licitação.

Ressalte-se que é muito comum observar licitações onde a fase externa do certame ultrapassa a data de validade das propostas, momento em que Administração Pública solicita aos proponentes prorrogação da validade das propostas, fato que poderá ser

---

[65] "Com efeito, o §3º do art. 90 da NLLC deixa em aberto o prazo de validade das propostas comerciais, sendo imposto à Administração Pública licitante, motivadamente, fixar tal período no ato convocatório ou processo de contratação direta, levando em consideração as particularidades do objeto a ser contratado.

Entendemos ser pertinente a nova orientação, uma vez que há determinados objetos que o particular não consegue sustentar a sua proposta comercial por 60 dias, fato que desestimula a participação nas licitações públicas, pois a fixação de um período longo de validade da oferta poderá gerar, efetivamente, um prejuízo futuro.

Assim, diferentemente do que ocorre nas licitações processadas pelas modalidades tradicionais de licitação, verifica-se que o dispositivo legal em destaque deixou para o administrador público a discricionariedade para fixar o prazo de validade das propostas, que, em nosso sentir, deverá ser eleito de forma motivada nos autos do processo administrativo na fase interna da licitação ou atos preliminares da contratação direta, de acordo com as particularidades do objeto licitado." PIRES, Antonio Cecílio Moreira; PARZIALE, Aniello Reis. *Comentários à nova Lei de Licitações Públicas e Contratos Administrativos*: Lei nº 14.133, de 1º de abril de 2021. São Paulo: Almedina, 2022. p. 552.

anuído pelo licitante. Com efeito, nunca poderá ser imposta pela Administração ao particular a prorrogação da proposta comercial.

Ante a possibilidade de a proposta passar a ser inexequível em razão do tempo, expirada a validade da oferta, quando instados a prorrogar a sua oferta, é muito comum licitantes buscarem condicionar a prorrogação da validade da proposta comercial ao deferimento futuro de recomposição de preços. Tal expediente, em nosso sentir, é muito temerário, uma vez que a Administração Pública pode comprometer-se verbalmente e, na ocasião da apreciação do pedido de decomposição de preço, não ser possível comprovar, nos autos do processo administrativo, todos os condicionantes fixados no art. 124, inc. II, "d", da Nova Lei de Licitações.

Haja vista as particularidades do segmento econômico, entendemos ser possível a prorrogação do prazo de validade da proposta comercial por tempo inferior àquele fixado no edital.

No tocante à verificação de falhas nas propostas comerciais atinentes ao prazo de validade das propostas, esclareça-se que a apresentação de erro de digitação na data de validade da proposta comercial – por exemplo, em vez de constar 21 de julho de 2015, constou 21 de julho de 2016 –, ou a falta da assinatura em uma folha, estando as demais assinadas, não gera a desclassificação da proposta comercial.

Igualmente, em nosso sentir, não gera desclassificação da proposta comercial não consignar a data de validade da proposta na oferta apresentada, pois o próprio texto do ato convocatório já vincula o licitante.

Por sua vez, fixar na oferta comercial prazo que não seja aquele fixado no edital pode gerar desclassificação caso o licitante não venha a corrigir tal informação na sua proposta.

1.7 Assinatura na proposta

Assinatura na proposta comercial representa a efetivação do compromisso do licitante e a assunção de obrigações nos limites da sua oferta por meio dos seus representantes legais. Ou seja, por meio da assinatura do documento pela pessoa física ou por meio dos representantes da pessoa jurídica, manifesta-se a vontade do licitante efetivamente cumprir o teor lá verificado, consentindo e anuindo validamente, pelo valor lá observado.

Logo, as propostas comerciais, necessariamente, deverão ser assinadas pela pessoa física licitante ou por pessoa com poderes expressos para fazê-lo caso o licitante seja uma pessoa jurídica, a exemplo do representante legal da empresa ou procurador,[66] a fim de torná-las firmes, concretas e sérias o suficiente para propiciar o julgamento, devendo ser desclassificadas propostas comerciais apócrifas.

De modo mais detalhado, por exemplo, deverá ser excluída do certame uma proposta: 1. sem assinatura da pessoa física, 2. sem a(s) assinatura(s) do(s) sócio(s); 3. com a assinatura de apenas um dos sócios quando o contrato social requer outras para assunção de obrigações; 4. com assinatura do procurador da empresa proponente sem a devida autorização para tal ato no bojo do mandato; 5. com a assinatura do procurador da empresa proponente, estando expirado o prazo de validade do mandato ou procuração.

Sobre tal questão é o entendimento do professor Diogenes Gasparini, que assevera:

> (...) Não se tem como aceitar a proposta incompleta em suas partes essenciais (sem identificação do proponente, sem data ou sem assinatura). Essa será, sempre, rejeitada. Pode-se dizer, então, com os demais estudiosos, que a proposta que não atender aos termos e condições do edital ou carta-convite é inaceitável e deve ser desclassificada.[67]

Esclareça-se que a falta de assinatura no local predeterminado na proposta comercial não gera desclassificação da proposta comercial, sob pena de caracterização de excesso de rigorismo.[68]

1.8 Cronograma físico-financeiro

O cronograma físico-financeiro é um documento anexado ao ato convocatório cujo teor destina-se a demonstrar o desenvolvimento da execução física do objeto, juntamente com a programação

---

[66] Recusa de instrumento de procuração apresentada pelo representante de empresa licitante por considerar que a outorga de poderes para "assinar proposta" não abrange a autorização para formular proposta – Inabilitação – Descabimento – TCU – TC- 024.614/2007-1.

[67] Cf. *Direito Administrativo*. 10. ed. São Paulo: Saraiva, 2005, p. 538.

[68] STJ – MS 5869 DF 1998/0049327-1.

financeira da Administração licitante. Em outras palavras, tal documento estabelece um calendário ou linha de tempo da execução futura do objeto a ser contratado atrelado à forma ou regra de desembolso dos recursos públicos devidos como contraprestação pecuniária ao particular contratado.

Em outra obra, já tivemos a oportunidade de anotar que:

> Esclareça-se que o cronograma físico-financeiro é representação gráfica do desenvolvimento das atividades a serem executadas ao longo do tempo de duração da obra, demonstrando em cada período o percentual físico a ser executado e o respectivo valor financeiro a ser despendido. Tal cronograma possibilita estimar ao longo do tempo de execução da obra o pagamento de parcela do objeto contratado, ensejando a realização de um planejamento financeiro. Sendo elaborado justificadamente na fase interna da licitação, passando o mesmo a ser anexo do ato convocatório ou integrado ao processo de contratação direta, tal documento servirá como um orientador durante a vigência do contrato, devendo a Administração Pública observar, tanto para cobrar a execução da parcela do objeto quanto para realizar o desembolso financeiro, o que lá está disposto, sob pena de violação ao princípio da estrita vinculação ao edital.[69]

Tal documento é extremamente essencial e necessário nas contratações públicas, uma vez que permite ao particular licitante precificar o objeto que passa pelo crivo da licitação à luz do futuro fluxo de recebimento a ser observado após iniciar a execução do objeto contratado, denotado do referido cronograma. Assim, tal documento é mais um elemento que deve ser analisado para fins de decisão se participa ou não do certame.

Já exigir a sua reprodução e anexar à proposta comercial nos parece que apenas e tão somente serve para gerar desclassificação de propostas desnecessariamente, pois sempre existirão licitantes desatentos.

Com efeito, a responsabilidade de sua elaboração é da Administração licitante, à luz das particularidades do objeto demandado, e não do proponente, que deverá restringir-se a reproduzir seu teor e sua proposta, quando assim o edital exigir.

---

[69] Cf. PIRES, Antonio Cecílio Moreira; PARZIALE, Aniello Reis. *Comentários à nova Lei de Licitações Públicas e Contratos Administrativos*: Lei nº 14.133, de 1º de abril de 2021. São Paulo: Almedina, 2022. p. 647.

A não reprodução do cronograma físico-financeiro de modo idêntico àquele observado como anexo ao ato convocatório acarreta a imediata desclassificação da proposta comercial em razão da violação ao princípio da estrita vinculação ao ato convocatório.[70]

Caso o edital não exija expressamente tal documento como anexo da proposta, obriga-se o particular ao calendário de execução e ao desembolso contido no documento anexo ao edital, não podendo ser alijado o proponente por não ter acostado em sua oferta tal planilha.

1.9 Declarações

Afora as hipóteses em que o licitante apresenta declarações na fase de credenciamento e na habilitação, é comum que o edital exija a apresentação de declarações dos licitantes relacionadas ao compromissamento do particular em relação ao objeto que será executado futuramente, cuja apresentação ocorrerá juntamente com a proposta comercial.

Por exemplo, já se observaram declarações:

1. para fins de ratificação do conteúdo econômico e integralidade dos custos para atendimento dos direitos trabalhistas, normas infralegais, convenções coletivas, termos de ajustamentos de condutas etc.;

---

[70] Sobre o referido princípio, já tivemos a oportunidade de anotar que: "No que concerne ao princípio da vinculação ao instrumento convocatório, não temos dúvidas que esse vetor é um dos mais essenciais na licitação. Deveras, o princípio da vinculação ao instrumento convocatório, além de encontrar-se explicitamente mencionado no art. 5o, encontra-se gizado também no art. 59, incisos I a V, que prevê a desclassificação das propostas que contiverem vícios insanáveis; não obedecerem às especificações técnicas pormenorizadas no edital; apresentarem preços inexequíveis ou permanecerem acima do orçamento estimado para a contratação; não tiverem sua exequibilidade demonstrada, quando exigido pela Administração; e apresentarem desconformidade com quaisquer outras exigências do edital, desde que insanável.
Há de se observar que a vinculação ao edital dirige-se tanto à Administração quanto ao licitante proponente. Se a Administração se afastar das regras do edital, estará a cometer flagrante ilegalidade, que poderá ensejar a anulação da licitação. Quanto ao licitante, deve ele atender a todos os requisitos dispostos em edital, sob pena de ser alijado do conclave, seja por meio de inabilitação, seja mediante a sua desclassificação, conforme o caso" (PIRES, Antonio Cecílio Moreira; PARZIALE, Aniello Reis. *Comentários à nova Lei de Licitações Públicas e Contratos Administrativos*: Lei nº 14.133, de 1º de abril de 2021. São Paulo: Almedina, 2022. p. 43).

CAPÍTULO 1
A PROPOSTA COMERCIAL, SEUS ELEMENTOS E ANEXOS | 59

2. de submissão às condições de participação e idoneidade para licitar ou contratar com a Administração;[71]

3. comprovando a condição de microempresa e empresa de pequeno porte;

4. como sendo uma carta de apresentação, cujo teor assenta o credenciamento dos licitantes, especificamente os poderes de apresentar lances e manifestar a intenção de recorrer;

5. manifestando a inexistência de impedimento legal de participar do certame;

6. ratificando que os produtos cotados atendem plenamente todas as especificações constantes do edital de licitação.

Há uma tendência de as declarações serem exigidas por ocasião do julgamento das propostas comerciais dada a possibilidade de exclusão dos licitantes desatentos. Logo, exige-se um estudo atento do edital, capa a capa, ou seja, todos os seus anexos, de modo a identificar todas as declarações exigidas no ato convocatório.

No tocante às declarações, esclareça-se que estas poderão ser elaboradas manuscritamente ou produzidas por meio de recursos de tecnologia da informação, devendo ser impressas ou transferidas ao sistema eletrônico por meio de *upload*. Observa-se, ainda, a possibilidade das declarações serem preenchidas diretamente no sistema. Em portais mais evoluídos, as declarações são prestadas via sistema, por meio de assinalamento em campo próprio.

Sob pena de violação do princípio de razoabilidade e proporcionalidade, por caracterizar excesso de rigorismo no julgamento das propostas, não poderá a Administração Pública licitante excluir do certame as propostas comerciais cujas declarações anexas não observaram de modo idêntico o modelo oferecido no edital.[72]

Outrossim, não poderá ser alijado um licitante que apresentou declaração prevista no edital de licitação, mas, em suposto desacordo com o modelo fornecido pela licitante, por não especificar, em seu

---

[71] Falta de assinatura na declaração de submissão às condições de participação e idoneidade para licitar ou contratar com a Administração – Inabilitação – Descabimento – STJ – REsp 947.953/RS.

[72] TRF-2 – REOMS 24729 99.02.05724-1.

corpo, a qualificação de sua signatária (a própria sócia diretora da empresa).[73]

Os pregoeiros têm admitido que os licitantes esquecidos venham a elaborar manuscritamente as declarações ou preencham modelos oferecidos por ocasião do processamento do certame, sendo que tal encaminhamento prestigia a competitividade do certame, uma vez que amplia a participação, algumas vezes previsto no edital.[74]

Com efeito, tem-se que tal possibilidade vai ao encontro do que consta do Acórdão nº 988/2022 – Plenário, de Relatoria do Ministro Antonio Anastasia, que reza que:

> 9.4.1 não conceder a manifestação prévia do licitante no caso de possível desclassificação fere o art. 5º, LV, da Constituição Federal;
> 9.4.2 nos casos em que os documentos faltantes relativos à habilitação em pregões forem de fácil elaboração e consistam em meras declarações sobre fatos preexistentes ou em compromissos pelo licitante, deve ser concedido prazo razoável para o devido saneamento, em respeito aos princípios do formalismo moderado e da razoabilidade, bem como ao art. 2º, caput, da Lei 9.784/1999;

Tem-se que a apresentação de declaração falsa acarreta responsabilização civil, penal e administrativa.

Sobre tal questão, já tivemos a oportunidade de anotar que:

> A apresentação de declaração ou documentação falsa exigida para fins de habilitação no certame ou prestar declaração falsa durante a licitação ou na execução do contrato é um comportamento caracterizado como infração administrativa, conforme prevê o art. 155, inc. VIII, da Lei nº 14.133/2021. Busca-se proteger por meio da previsão da referida infração na legislação a moralidade administrativa, de forma a afastar do certame particulares que almejam êxito em vencer uma licitação por meio da inserção de documento que assente uma informação que não coincida com a verdade.[75]

---

[73] TRF-2 – REOMS 38073 2000.02.01.066498-8.

[74] Pregão Presencial nº 024/23 – Município de Castelo/ES – "7.10. Na hipótese dos licitantes não apresentarem, no momento da entrega dos envelopes, a declaração de caráter obrigatório, prevista no Anexo III, o Pregoeiro disponibilizará a estes um modelo de declaração que poderá ser preenchido e assinado pelo representante credenciado".

[75] PIRES, Antonio Cecílio Moreira; PARZIALE, Aniello Reis. *Comentários à nova Lei de Licitações Públicas e Contratos Administrativos*: Lei nº 14.133, de 1º de abril de 2021. São Paulo: Almedina, 2022. p. 810.

Sobre o processo de penalização, sugere-se a leitura da obra "As sanções nas contratações públicas: as infrações, as penalidades e o processo administrativo sancionador", de autoria de Aniello Parziale, cuja segunda edição encontra-se sendo atualizada e será publicada pela editora Fórum em 2024.

1.10 Valor da proposta

Sendo a informação, em nosso sentir, a mais importante consignada na proposta comercial, é dever de ser lá fixado o valor do objeto pretendido pela Administração Pública, nos termos fixados no ato convocatório.

Logo, o valor da proposta deve ser fixado levando-se em conta as particularidades do objeto e a forma como o edital estabelece, que deverá observar, por exemplo, no fornecimento de bens, o peso da embalagem pretendida pela Administração. Desta feita, novamente, ressaltamos que é necessário um estudo atento do edital.

O edital deve ser claro e a comissão de contratação ou pregoeiro devem estar atentos na ocasião da licitação. Logo, deve-se observar tal valor, uma vez que poderá o licitante, com o escopo de tornar a sua proposta mais competitiva, não informar ou cadastrar o valor correto para fins de buscar uma vantagem perante os demais licitantes.

Por exemplo, ao invés de apresentar em sua proposta ou cadastrar no sistema o valor global para execução do objeto, lote ou item, insere algum outro que seja o solicitado no ato convocatório. Outro exemplo, poderá o licitante cadastrar a unidade da embalagem de café de 250 g, quando o edital fixa que busca a aquisição de café de 500 g. Logo, num primeiro momento, a oferta será competitiva, o que não vem a se confirmar posteriormente.

Outro assunto que merece destaque é a impossibilidade de licitantes participarem de certame com múltiplas propostas ou com uma única proposta que inclua mais de um preço alternativo. No entanto, seria possível argumentar que a desclassificação da proposta do licitante não é necessária em prol do objetivo da licitação, que é selecionar a proposta mais vantajosa.

Nesse caso, parece viável que a Administração que está organizando o certame mantenha o licitante em questão na licitação, desde que descarte a proposta de maior valor e considere apenas a outra proposta, que é a de menor preço, como válida. Ao adotar esse procedimento, se a Administração decidir celebrar um contrato com esse licitante, o fará pelo menor preço apresentado, o que deve evitar questionamentos por parte dos órgãos de controle ou de outros licitantes.

Ainda em relação à verificação de erros, de modo a ampliar a competitividade em razão do aumento do número de competidores, observando-se equívocos de erro no somatório na planilha, entende-se que deve a Administração recalcular a oferta, devendo ser fixado como proposta o resultado do novo cálculo. Os editais têm assim previsto.

1.11 Garantia do objeto contratado

É comum a Administração Pública solicitar em editais de licitação, além do cumprimento da garantia legal, a exemplo daquela fixada no art. 618 do Código Civil[76] e no Código de Defesa do Consumidor, uma garantia contratual, cujas regras deverão ser fixadas claramente no ato convocatório.

Sobre tal assunto, já tivemos a oportunidade de anotar que, *in verbis*:

12. O prazo de garantia mínima do objeto, observados os prazos mínimos estabelecidos nesta Lei e nas normas técnicas aplicáveis, e as condições de manutenção e assistência técnica

A depender das características do objeto a ser contratado, poderá o ato convocatório e minuta contratual fixar um prazo de garantia mínima do objeto, observados os prazos mínimos estabelecidos e nas normas técnicas aplicáveis, e as condições de manutenção e assistência técnica, devendo tal regramento ser expressamente previsto no contrato, conforme exige o art. 92, inc. XIII, da NLLC.

Assim deve ocorrer, haja vista a necessidade de afastamento de qualquer dúvida acerca do encargo ou imposição de responsabilidade ou compromisso que não seja aquele fixado no ato convocatório. Com efeito, tem-se que tais obrigações futuras devem ser fixadas com clareza e precisão.

Desta forma, o dispositivo legal em comento estabelece a necessidade de

---

[76] "Art. 618. Nos contratos de empreitada de edifícios ou outras construções consideráveis, o empreiteiro de materiais e execução responderá, durante o prazo irredutível de cinco anos, pela solidez e segurança do trabalho, assim em razão dos materiais, como do solo."

fixação dos contornos da garantia contratual no ajuste, que se apresenta como um acréscimo da garantia legal, a exemplo daquela fixada expressamente prevista no art. 24 do Código de Defesa do Consumidor, ou da oferecida pelo fabricante, a exemplo daquelas oferecidas pelas montadoras de carros, as quais fixam uma garantia de 5 anos. Por meio desta cláusula necessária, portanto, fixa-se no ajuste cláusulas de obrigações futuras atinentes à assistência técnica que subsistem após a entrega do objeto contratado, devendo ser exigido pela Administração contratante a implementação da sua cláusula, sob pena da negativa acarretar instauração de processo sancionatório.[77]

Quando for o caso, tal modalidade de garantia deve ser exigida expressamente e prevista no ato convocatório e minuta contratual, sendo necessário constar todos os pormenores para sua devida prestação, a exemplo:

1. O período total da garantia, que se iniciará após a entrega do bem;

2. O local específico, que poderá ser no entrega do objeto (almoxarifado da educação) ou local onde o bem está sendo utilizado (unidade escolar), onde serão prestados os devidos serviços;

3. O prazo máximo para atendimento e resolução da problemática existente;

4. Os critérios para retirada do bem locado ou em utilização;

5. O que será objeto de garantia e aquilo que não será atendido;

6. A suspensão do prazo de atendimento em caso de falta de peça de reposição.

Na dúvida, omissão ou informações insuficientes, é dever do licitante buscar esclarecimentos e inserção das regras no edital, sob pena da implementação da garantia contratual ocorrer por meio de determinações impostas aleatoriamente pelo gestor do contrato da ocasião, fato que acarreta uma insegurança jurídica significativa, prejuízos infindáveis e punições injustas.

Inexistindo melhoria das regras atinentes à garantia contratual, não restará alternativa para o interessado a não ser impugnar o edital de licitação, conforme as regras previstas no art. 16 da Nova

---

[77] PIRES, Antonio Cecílio Moreira; PARZIALE, Aniello Reis. *Comentários à nova Lei de Licitações Públicas e Contratos Administrativos*: Lei nº 14.133, de 1º de abril de 2021. São Paulo: Almedina, 2022. p. 577/578. Destaques do original.

Lei de Licitações ou representar o ato convocatório no Tribunal de Contas competente.

Dentro deste contexto, de forma a deixar claro o compromisso que o futuro contratado deverá assumir, diga-se novamente, nos termos estabelecidos no ato convocatório, é comum ser exigido, seja no bojo da proposta comercial ou por meio de declaração que será anexada na referida oferta, o compromisso que irá prestar a garantia contratual, que ocorrerá, inclusive, estando extinto o contrato administrativo.

Não sendo cumprido o referido encargo exigido no edital, seja por meio de declaração expressa dentro da proposta comercial ou por meio da afirmação ou celebração de declaração anexa à oferta, deverá a proposta comercial ser devidamente desclassificada, com arrimo no art. 59 inc. V, da Nova Lei de Licitações.

Demais disso, poderá o edital de licitação exigir que seja apontada na proposta ou em anexo, a relação de empresas que prestarão serviços de assistência técnica, o que deverá ocorrer sob pena da proposta comercial ser devidamente desclassificada.

1.12 Prazo de execução ou entrega do objeto

O prazo de execução do objeto demandado pela Administração é algo essencial que deve constar em todos os contratos administrativos, sejam eles celebrados por minuta contratual típica, sejam eles instrumentalizados por instrumento equivalente.

Assim deve ocorrer, uma vez que as regras para o cumprimento das obrigações pelo particular devem ser claras, tanto para ele quanto para o gestor do contrato, já que o objeto que passa pelo crivo da licitação detém uma finalidade pública.

Com efeito, no âmbito da Nova Lei de Licitações, observa-se flagrante avanço no tocante ao novo regime jurídico do prazo de vigência dos contratos administrativos. Sobre o tema, já tivermos a oportunidade de anotar que:

> Uma das grandes falhas constantes da Lei nº 8.666/1993, que poderia ser atualizada por meio de mudança legislativa, era o fraco regime jurídico de vigência dos contratos administrativos. A redação constante do art. 57 era pífio. O administrador público, por exemplo, detinha pouco cabedal normativo para estruturar a execução de contratos administrativos com

objetos complexos, a exemplo das soluções integradas, que envolvia locação, fornecimento e prestação de serviços.

No bojo da nova Lei de Licitações, todavia, avançou em muito no sentido de oferecer soluções normativas com o escopo de permitir à Administração Pública a contratação de objetos que efetivamente garantirá a tão sonhada eficiência administrativa.

Neste sentido, observa-se o constante no §2º do art. 92 da Lei nº 14.133/ 2021, que estabelece que, de acordo com as peculiaridades do objeto a ser contratado e do seu regime de execução, o ajuste conterá cláusula prevendo um período antecedente à expedição da ordem de serviço, para verificação de pendências, liberação de áreas ou adoção de outras providências cabíveis para a regularidade do início da sua execução.

Primeiro ponto a considerar é que o referido dispositivo assenta uma determinação obrigatória, ou seja, tal cláusula não é facultativa, devendo a área demandante, quando do planejamento da contratação, verificar quais são os impedimentos, obstáculos, pendências ou providências a ser tomada antes da expedição da ordem de serviço ou fornecimento, fixando o adequado período no edital e contrato. Imagine-se que para expedir a ordem de serviço de início de obra de uma construção de edificação é necessário retirar invasores da área que receberá o equipamento público. Igualmente, pensemos num caso onde para instalar um determinado equipamento seja necessária a realização de obras, modificação de parte elétrica, contratação de um caminhão provido de um *munck* para içá-lo até a altura necessária etc.

De acordo com o dispositivo em estudo, nos contratos administrativos, dependendo do objeto, existirá cláusula no bojo do instrumento contratual fixando dois prazos, um assentando a vigência do ajuste (esse maior) e o outro para execução do objeto contratado (esse menor).

Com efeito, o prazo de vigência do contrato relaciona-se à duração, ou seja, é aquele fixado como necessário para que as partes cumpram as prestações que foram avençadas. Neste, o lapso eleito computará o período necessário para que a Administração verifique pendências, libere áreas ou adote outras providências cabíveis para a regularidade que seja permitida a execução do objeto pelo particular posteriormente.

Já o prazo de execução do objeto contratado será o período necessário para que o objeto seja executado conforme contido no termo de referência e projeto básico. Assim, o prazo de execução do objeto deverá estar contido no prazo de vigência do contrato.

De longa data, o eg. Tribunal de Contas da União vem manifestando tal entendimento, hoje abarcado pela Lei nº 14.133/2021:

14. Ressaltamos que, apesar de coadunarmos com o entendimento exposto pela CPL, entendemos, também, que o Edital poderia esclarecer que o prazo de vigência do contrato teria acréscimo de um mês em relação ao prazo de execução dos serviços, para o devido cumprimento das obrigações contratuais. Opinamos, assim, por determinar à CERON que, doravante, nos processos licitatórios instaurados, faça constar

as pertinentes justificativas quando for necessário estabelecer prazos distintos de execução dos serviços e vigência contratual.[78]

Tendo em vista tal importância, alguns editais de licitação têm exigido a inserção na proposta comercial do prazo de execução do objeto contratado lá fixado, estabelecendo que os licitantes reproduzam tal informação em sua oferta, de modo a afastar qualquer tipo de dúvida em relação ao lapso temporal com que deverá o particular cumprir a obrigação.

Em caso de dúvidas no tocante aos prazos de execução do objeto demandado, ou estando as regras previstas no edital desconectadas do regime jurídico previsto em Lei, deve o licitante pedir esclarecimentos ou, se for o caso, impugnar o edital ou representá-lo junto ao Tribunal de Contas competente.

Com efeito, observando-se que a proposta mais vantajosa desatende ao prazo máximo estabelecido pelo edital em relação à entrega ou etapa de execução do objeto demandado, entende-se que deverá tal oferta ser excluída da competição.

1.13 Planilha orçamentária e composição de custos

A depender do objeto que passa pelo crivo da licitação, pode exigir a Administração Pública que a proposta comercial do licitante seja acompanhada de planilha de composição dos custos e formação de preços incidentes na execução do bem demandado.

Em regra, a planilha orçamentária de composição de custos dos licitantes deverá estar em conformidade com o orçamento previamente estimado pela Administração Pública fixado em planilhas de quantitativos e preços unitários, bem como observar as regras previstas na jurisprudência do Tribunal de Contas competente que exerce jurisdição sobre o órgão ou entidade licitante.

Com efeito, pela análise da planilha de composição de custos do respectivo licitante com aquela fixada no edital permite-se observar se o proponente fixou valores corretamente e se os quantitativos dos

---

[78] PIRES, Antonio Cecílio Moreira; PARZIALE, Aniello Reis. *Comentários à nova Lei de Licitações Públicas e Contratos Administrativos*: Lei nº 14.133, de 1º de abril de 2021. São Paulo: Almedina, 2022. p. 584/585.

respectivos serviços guardam consonância com aqueles pretendidos pela Administração Pública.

Por meio da análise dos custos do particular, constante da planilha anexa à sua proposta comercial, é que se permite comprovar a inexequibilidade da sua oferta, cujos critérios estudaremos no capítulo 3 desta obra.

1.14 Proposta técnica

O art. 33, incs. I, III e IV, da Nova Lei de Licitações, dentre outros critérios, elenca os tipos de licitação existentes, quais sejam: menor preço; melhor técnica; e técnica e preço.

Estabelece o art. 34 da Nova Lei de Licitações que o julgamento por menor preço ou maior desconto e, quando couber, por técnica e preço considerará o menor dispêndio para a Administração, atendidos os parâmetros mínimos de qualidade definidos no edital de licitação.

Observa-se, desta feita, que, nas situações em que a avaliação se concentra exclusivamente no aspecto financeiro, ou seja, no custo do bem a ser contratado, a licitação apropriada é aquela do tipo "menor preço". No entanto, mesmo com esse critério de julgamento, é fundamental que a proposta esteja alinhada com as especificações indicadas no edital de convocação.

Por sua vez, conforme fixa o art. 35 da Nova Lei de Licitações, o julgamento por melhor técnica ou conteúdo artístico considerará exclusivamente as propostas técnicas ou artísticas apresentadas pelos licitantes, e o edital deverá definir o prêmio ou a remuneração que será atribuída aos vencedores.

Nesse caso, são considerados tanto o aspecto técnico (qualidade da proposta) quanto o financeiro (preço) ao avaliar as propostas. A vantagem é dada à proposta que conseguir equilibrar de forma harmoniosa esses dois aspectos, por meio de ponderação[79] que leva em conta a pontuação atribuída à proposta técnica do licitante e à sua proposta financeira. Conforme fixa o art. 36, §6º, no julgamento por técnica e preço, deverão ser avaliadas e ponderadas as propostas

---

[79] "Art. 36. O julgamento por técnica e preço considerará a maior pontuação obtida a partir da ponderação, segundo fatores objetivos previstos no edital, das notas atribuídas aos aspectos de técnica e de preço da proposta."

técnicas e, em seguida, as propostas de preço apresentadas pelos licitantes, na proporção máxima de 70% (setenta por cento) de valoração para a proposta técnica.

Já no caso da licitação do tipo melhor técnica, previsto no art. 37 da Nova Lei de Licitações, tendo em vista que busca a Administração Pública a melhor solução técnica para a resolução da problemática, a importância do menor preço é colocada para um segundo plano, recaindo a análise para a proposta técnica.

Para que tal critério de julgamento venha a ocorrer, é atribuída pontuação no conteúdo vertido na proposta técnica, em função da melhor tecnologia nela prevista para a execução do objeto licitado, na forma prevista no edital.

1.15 Outras informações que a Administração pode exigir

É comum também o edital solicitar a apresentação de outras informações relacionadas a aspectos financeiros que a Administração julgar pertinente, anexada à proposta comercial na licitação.

Sendo essas informações secundárias, não relacionadas à exigibilidade do compromisso a ser assumido, não pode a Administração licitante excluir a oferta do certame em razão do seu desatendimento, alijando o licitante.

Por exemplo, é comum exigir-se a indicação na oferta comercial do número da conta-corrente bancária para fins de pagamentos devidos em razão da execução do objeto do contrato conforme exigido no edital, não podendo a inobservância deste requisito ser caso de desclassificação da proposta comercial.

Igualmente ocorrerá em caso de inobservância do valor da proposta grafado somente em algarismos, sem a indicação por extenso.

1.16 BDI

Sendo apontados 15 elementos que podem constar de uma proposta comercial, chega-se o momento de estudar o BDI, Benefícios (ou lucro) e Despesas Indiretas.

Sendo assim, temos a considerar que é quase que padrão em editais de licitação cláusulas com o seguinte teor:

Nos preços propostos deverão estar incluídos todos os tributos, encargos sociais, financeiros e trabalhistas, taxas e quaisquer outros ônus que porventura possam recair sobre a execução do objeto da presente licitação, os quais ficarão a cargo única e exclusivamente da contratada.

Ante tal fato, é dever da Administração promotora do certame identificar e estimar todos os custos incidentes na execução do objeto demandado, especialmente as obras e serviços, sejam de engenharia ou não, de modo a garantir que interessados acudam ao chamado da Administração para executar aquilo que é demandado, haja vista o edital espelhar, por meio de seus anexos, de forma real, os custos envolvidos, fato que permite medir, antecipadamente, todos os riscos e futuras despesas envolvidas.

Assim ocorrendo, ou seja, sendo fixados todos os custos e demais informações no ato convocatório,[80] sob o risco de verificação de problemas de toda sorte, as propostas a serem apresentadas devem obedecer à forma e ao conteúdo das especificações estabelecidas no edital, de modo rigoroso,[81] sob pena, como regra, de serem desclassificadas, consoante denota-se da leitura do disposto no art. 59 da Nova Lei de Licitações.[82]

Além de ocorrer a devida precificação das despesas envolvidas na execução do objeto demandado, tem-se que os custos devem ser colhidos na ocasião do processamento da licitação, devendo não ser desatualizados, sob pena de desestimular a participação ou não garantir que o objeto contratado seja devidamente concluído.

---

[80] "3. O projeto básico deve conter todos os elementos necessários para possibilitar a correta elaboração das propostas." TCE/SP – 21377.989.21-5.

[81] MENDES, Raul Armando. *Comentários ao estatuto das licitações e contratos administrativos*. São Paulo: Revista dos Tribunais, 1988, p. 100.

[82] "Art. 59. Serão desclassificadas as propostas que:
I – contiverem vícios insanáveis;
II – não obedecerem às especificações técnicas pormenorizadas no edital;
III – apresentarem preços inexequíveis ou permanecerem acima do orçamento estimado para a contratação;
IV – não tiverem sua exequibilidade demonstrada, quando exigido pela Administração;
V – apresentarem desconformidade com quaisquer outras exigências do edital, desde que insanável."

Sobre tal questão, observa-se que o Tribunal de Contas do Estado de São Paulo vem julgando irregulares licitações cujo orçamento esteja desatualizado há mais de seis meses. Vejamos:

> Além de não mais possuírem condições para refletir o ambiente econômico do momento da realização da disputa licitatória, sempre resultam na exigência de propostas com datas base em tal nível de defasagem que criam condições para induzir a aplicação automática de índices e cláusulas de correção monetária passíveis de distorcer os valores ajustados em relação à realidade do mercado. (TC-5201/026/11 – Tribunal Pleno – Sessão de 09/02/11 – Conselheiro Eduardo Bittencourt Carvalho)
>
> 2. A licitação deve ser deflagrada com orçamento atualizado, conforme jurisprudência desta Corte. (TCE/SP – 21377.989.21-5)
>
> No que diz respeito à defasagem do projeto, trago à colação decisão do Tribunal de Contas da União – Acórdão nº 645/2012 – Plenário, Relatora Ministra Ana Arraes, nos seguintes termos:
>
> A atualidade do projeto básico é, antes de qualquer exigência legal, uma questão de lógica, porque, se a entidade se propõe a realizar determinado procedimento licitatório, tem dever de assegurar aos participantes que o que se busca está balizado em parâmetros e elementos que traduzem fielmente o objeto almejado, na sua adequação, composição e atualidade. Caso contrário, induz os participantes a erro na apresentação da proposta baseada em realidade que não mais existe, o que acarreta, como ocorreu nestes autos, a celebração de uma série de termos aditivos, que descaracterizaram totalmente o objeto licitado, uma vez que foram feitas alterações substanciais em serviços necessários à execução da obra. TC-001471/003/12 – PRIMEIRA CÂMARA SESSÃO DE 05/11/2019 ITEM Nº 054.
>
> Outro fator determinante para o juízo de reprovação da matéria foi a utilização de orçamento defasado em 11 (onze) meses, uma vez que os preços informados na Planilha Orçamentária foram extraídos da Tabela SINAPI de abril de 2014, enquanto a licitação foi divulgada em 7/3/15. [eTC-4858.989.17-1 (ref. TC-006280/989/15)].

Esclareça-se que não é admitida a prestação de serviços gratuitos, nem a exigência de inserção de insumo ou equipamento durante a execução do contrato sem que o particular seja devidamente custeado pelo erário. Logo, reforça-se que todos os custos do particular durante a execução do contrato administrativo devem ser devidamente remunerados pela Administração, sendo obrigação das áreas demandantes realizar o devido planejamento a fim de que a caracterização do objeto e seus elementos seja perfeita.

Sendo, portanto, realizada a devida, regular e atual precificação, que exigirá o conhecimento pleno do objeto que se pretende contratar, deverão ser garantidos os elementos para que as propostas comerciais elaboradas pelos interessados e que serão apresentadas no certame sejam sérias.

Nas palavras de Marcelo Caetano, as propostas comerciais devem ser sérias, isto é, feitas com o propósito de serem mantidas e cumpridas.[83]

Feito tal registro, à luz do objeto demandado, observa-se a existência de duas espécies de custos que o particular poderá incorrer para executar o objeto demandado, sendo os custos diretos e indiretos.

"Os custos podem ser diretos, quando passíveis de identificação e apropriação para cada tipo de serviço ou produto, ou podem ser indiretos, quando não é possível apropriá-los diretamente aos bens ou serviços produzidos, necessitando de algum critério de rateio. Os custos diretos são tipicamente compostos pela mão de obra, materiais e equipamentos utilizados na execução de cada serviço".[84]

Por sua vez, "os custos indiretos e as despesas indiretas do construtor necessitam de algum critério de rateio para serem apropriadas entre as obras executadas pela empresa e não são passíveis de medição direta, pois não podem ser discriminados na planilha orçamentária. Assim, tais gastos costumam ser considerados apenas no processo de formação da taxa de benefícios e despesas indiretas a ser aplicada no orçamento da obra. Como exemplo de despesas indiretas, citam-se os gastos com a administração central da construtora".[85]

A grande dificuldade na ocasião da precificação não é identificar as despesas diretas incidentes na execução do objeto demandado, haja vista que essas são claras e serão utilizadas ou implantadas no

---

[83] CAETANO, Marcelo. *Princípios fundamentais de Direito Administrativo*. Rio de Janeiro: Forense, 1989, p. 233.

[84] Tribunal de Contas da União. Orientações para elaboração de planilhas orçamentárias de obras públicas / Tribunal de Contas da União, Coordenação-Geral de Controle Externo da Área de Infraestrutura e da Região Sudeste. Brasília: TCU, 2014, p. 17.

[85] Tribunal de Contas da União. Orientações para elaboração de planilhas orçamentárias de obras públicas / Tribunal de Contas da União, Coordenação-Geral de Controle Externo da Área de Infraestrutura e da Região Sudeste. Brasília: TCU, 2014, p. 18.

empreendimento, mas, sim, as despesas indiretas, as quais podem surgir em razão de inúmeras questões, a exemplo do alongado tempo de execução do empreendimento, nível de precisão dos projetos, ocorrência de paralisações do cronograma de execução do objeto etc. Sendo assim, em razão da impossibilidade de serem identificadas todas as hipóteses de custos que podem surgir ao longo da execução de um empreendimento, buscou-se o custeamento das referidas despesas não quantificáveis e identificáveis por meio da fixação de uma taxa, o BDI, assunto central da presente obra, que passa-se a estudar adiante.

CAPÍTULO 2

COMPOSIÇÃO DE UMA PROPOSTA COMERCIAL: PREÇO = CUSTO DIRETO X BDI

Uma proposta comercial, seja preliminar ou readequada, apresentada por um proponente em uma licitação é composta por vários elementos. Acerca da sua composição, servimo-nos da lição proposta pelo engenheiro Márcio Soares da Rocha,[86] em que afirma:

> Os preços de obras de engenharia são compostos basicamente por quatro elementos: os custos diretos; os custos indiretos; os tributos e o lucro (ou benefício). Os custos diretos são aqueles relacionados aos serviços produzidos diretamente no canteiro de obras, ou seja, são relativos aos custos de materiais e da mão de obra primária (operária) necessária à realização dos serviços da obra. Os custos indiretos são os que se relacionam à estrutura necessária para a administração e gerenciamento do empreendimento e para manutenção da empresa construtora.
> Os tributos são inerentes à qualquer atividade produtiva e o lucro é o valor financeiro que se almeja receber pela execução da obra. Dentre os quatro tipos de elementos de custo, os mais difíceis de quantificar e de avaliar são os custos indiretos e o lucro. Esses, geralmente não são detalhados nos orçamentos, sendo 'embutidos' nos preços dos serviços, juntamente com os tributos. Esses compõem uma taxa denominada BDI (Benefícios e Despesas Indiretas). O BDI é aplicado aos custos diretos para definir o preço de venda da obra (ou preço global, como se conhece na administração pública). Percebe-se assim que o BDI possui composição variável e a primeira conclusão que se pode tirar é que é

---

[86] Cf. "Análise de BDI de obras públicas pelo método da estimativa intervalar". Disponível em: https://docplayer.com.br/12326423-Analise-de-bdi-de-obras-publicas-pelo-metodo-da-estimativa-intervalar-marcio-soares-da-rocha.html. Acesso em: 8 set. 2023.

inadequada a adoção de uma taxa única de BDI de referência, para análise de custos de todas as obras. Cada obra possui a sua própria taxa de BDI.

Ante os elementos que compõem uma proposta comercial, passaremos a discorrer analiticamente acerca de cada um desses componentes, apontando o entendimento de estudiosos sobre o assunto e o posicionamento de alguns Tribunais de Contas.

2.1 Preço

Segundo Maçahico Tisaka, quando disserta sobre orçamentação de obras – lição que se aplica para objetos que não sejam do ramo da engenharia –, "o preço de venda é o resultado da aplicação de uma margem denominada BDI sobre o Custo Direto da planilha de orçamento".[87]

Para o professor Rolf Dieter Oskar Friedrich Braunert, preço "é o valor de uma unidade de mercadoria ou serviço, visto por quem a vende. O preço é o custo acrescido do lucro e dos tributos".[88]

O preço,[89] no âmbito das contratações públicas, é o valor consignado em uma proposta comercial apresentada durante o

---

[87] Cf. ob. cit., p. 85.

[88] BRAUNERT, Rolf Dieter Oskar Friedrich. *Como licitar obras e serviços de engenharia*: Leis nº 5.194/66 e nº 6.496/77: resoluções e normatizações do CONFEA: súmulas, decisões e acórdãos do TCU. 2. ed. rev. atual. e ampl. Belo Horizonte: Fórum, 2010. p. 136.

[89] Preço de mercado – "Preço de mercado de determinado produto é aquele que se estabelece na praça pesquisada, com base na oferta e na procura. Diz-se também que é o corrente na praça pesquisada." (TCU – Manual de Orientações, BRASIL, 2010, p. 87).

Preço estimado – "Preço estimado é um dos parâmetros de que dispõe a Administração para julgar licitações e efetivar contratações. Deve refletir o preço de mercado, levando em consideração todos os fatores que influenciam na formação dos custos." (TCU – Manual de Orientações, BRASIL, 2010, p. 87).

Preços manifestamente inexequíveis – "Consideram-se preços manifestamente inexequíveis aqueles que, comprovadamente, forem insuficientes para a cobertura dos custos decorrentes da contratação pretendida" (art. 29, §1º, da Instrução Normativa nº 2 da SLTI do MPOG).

Preço médio – "Preço médio é o elaborado com base em pesquisa de preços realizada no mercado onde será realizada a contratação." (TCU – Manual de Orientações, BRASIL, 2010, p. 87).

Preço praticado pela Administração – "Preço praticado pela Administração contratante é aquele pago ao contratado." (TCU – Manual de Orientações, BRASIL, 2010, p. 87).

Preço unitário – "Preço unitário é o correspondente a cada unidade licitada e preço global, o total da proposta" (TCU – Manual de Orientações, BRASIL, 2010, p. 87).

torneio licitatório, sendo o numerário que servirá como elemento de classificação das empresas na fase de julgamento das ofertas, seja provisória, seja definitivamente.

Dessa forma, para formar o preço para um determinado objeto, o licitante deve apresentar na sua proposta comercial o BDI praticado especificamente para a execução daquilo que demandado, multiplicando-o pelos custos diretos aferidos.

Como regra, não há como cogitar a existência de uma proposta comercial firme, séria e concreta, como dizia o mestre Marcelo Caetano, sem ela estar agregada com os custos relacionados ao BDI, salvo se todas as despesas indiretas, impostos incidentes sobre a atividade econômica e lucro fixado para aquele empreendimento estiverem previstos na planilha de composição de custos, fato que, dada a complexidade das obras públicas, apresenta tamanha dificuldade.[90]

Sobre tal complexidade, ensinam Bradson Camelo, Marcos Nóbrega e Ronny Charles que:

> Ao que se sabe, o preço não é definido por uma força divina.
> (...)
> ... o preço deve ser compreendido como um "encontro", e como todo encontro, é impactado pelas diversas nuances que o envolvem e, possivelmente, numa reflexão mais filosófica, não seria exatamente o mesmo em nenhum outro momento. Isto porque, traçando um paralelo com a reflexão proposta por Heráclito, assim como ninguém pode entrar duas vezes no mesmo rio, no mundo real, dificilmente todas as condições que influenciaram a formação do preço irão se reproduzir de forma exatamente igual.
> (...)
> A definição do preço, ou o "encontro" que o define, é então impactada por diversos elementos, subjetivos e objetivos, o que o torna um produto complexo.[91]

---

[90] BRAUNERT, Rolf Dieter Oskar Friedrich. *Como licitar obras e serviços de engenharia*: Leis nº 5.194/66 e nº 6.496/77: resoluções e normatizações do CONFEA: súmulas, decisões e acórdãos do TCU. 2. ed. rev. atual. e ampl. Belo Horizonte: Fórum, 2010. p. 136.

[91] CAMELO, Bradson, NÓBREGA, Marcos, TORRES, Ronny Charles L. *Análise econômica das licitações e contratos*: de acordo com a Lei nº 14.133/2021 (nova Lei de Licitações). Belo Horizonte: Fórum, 2022. p. 145/146.

Daí a utilização do BDI para mitigar o impacto da complexidade da precificação, *in casu*, de obras e serviços.

2.2 Custos ou despesas diretas

Custo direto é a soma de todas as despesas relacionadas com a efetiva execução do objeto demandado pela Administração Pública, sendo elas os insumos (materiais) efetivamente aplicados no empreendimento, a mão de obra necessária para a execução do bem pretendido, acrescido dos seus respectivos encargos sociais e todos os custos despendidos com a operacionalização da obra ou serviço, a locação de equipamentos necessários para a execução apenas e tão somente daquilo que passa pelo crivo da licitação, os quais, destaque-se, podem ser facilmente[92] identificados, quantificados[93] ou discriminados na planilha orçamentária.

Sobre os custos diretos, salienta o TCU em sua cartilha:

> Os custos podem ser diretos, quando passíveis de identificação e apropriação para cada tipo de serviço ou produto, ou podem ser indiretos, quando não é possível apropriá-los diretamente aos bens ou serviços produzidos, necessitando de algum critério de rateio. Os custos diretos são tipicamente compostos pela mão de obra, materiais e equipamentos utilizados na execução de cada serviço.[94]

A título de ilustração, apresentamos os exemplos propostos por Maçahico Tisaka:

- Quantitativos de todos os serviços e respectivos custos obtidos através da composição de custos unitários;

---

[92] BRAUNERT, Rolf Dieter Oskar Friedrich. *Como licitar obras e serviços de engenharia*: Leis nº 5.194/66 e nº 6.496/77: resoluções e normatizações do CONFEA: súmulas, decisões e acórdãos do TCU. 2. ed. rev. atual. e ampl. Belo Horizonte: Fórum, 2010. p. 136.

[93] O Tribunal de Contas do Estado de Santa Catarina ressalta que: "O custo direto reflete o somatório das despesas com insumos identificáveis e economicamente quantificáveis, que podem ser atribuídos à execução dos vários serviços. São despesas intrínsecas e, portanto, específicas de cada um dos serviços a serem executados". Manual "Obras públicas, aspectos de execução e controle (treinamento e-sfinge obras)", TCE/SC, Santa Catarina, ago. 2005, p. 39.

[94] BRASIL. Tribunal de Contas da União. Orientações para elaboração de planilhas orçamentárias de obras públicas / Tribunal de Contas da União, Coordenação-Geral de Controle Externo da Área de Infraestrutura e da Região Sudeste. Brasília: TCU, 2014, p.17.

- Custo de preparação do canteiro de obras, sua mobilização e desmobilização;
- Custos da administração local com previsão de gastos com o pessoal técnico (encarregado, mestre, engenheiro, etc.), administrativo (encarregado do escritório, de higiene e segurança, apontador, escriturário, motorista, vigia, porteiro, etc.) e de apoio (almoxarife, mecânico de manutenção, enfermeiro, etc.).[95]

2.3 BDI – Benefícios ou Lucro e Despesas Indiretas

Acerca da definição de Benefícios ou Lucro e Despesas Indiretas – BDI, apresentamos a proposta do Tribunal de Contas da União, delineada no Acórdão nº 538/08 – Plenário, a qual merece a reprodução:

> BDI (Benefícios e Despesas Indiretas), (...) é a taxa correspondente às despesas indiretas e ao lucro que, aplicada ao custo direto de um empreendimento (materiais, mão-de-obra, equipamentos), eleva-o a seu valor final, que constitui o preço. Ou seja, apenas o lucro e as despesas indiretas que incidem sobre todos os serviços da obra devem compor o BDI. As despesas classificadas como custos diretos de produção, que compreendem serviços quantificáveis, devem compor a planilha de custos, e não a taxa de BDI (...).

Analisando o conceito proposto, à luz do princípio da economicidade,[96] observamos que este nos parece ser o conceito ideal para a justa remuneração do empreendedor daquelas despesas com a execução do objeto demandado que não possuem condições de ser quantificáveis e identificáveis para estarem previstas na planilha dos

---

[95] TISAKA, Maçahiko. *Orçamento na construção civil*: consultoria, projeto e execução. São Paulo: Editora Pini, 2006. p. 38.

[96] Acerca do referido princípio, já tivemos a oportunidade de anotar que: "Por seu turno, o princípio da economicidade vem disposto no art. 70 da Constituição Federal e tem por objetivo a obtenção do resultado esperado com o menor custo, mantendo a qualidade e buscando a celeridade na prestação do serviço ou no trato com os bens públicos.
Não é demais dizer que o princípio da economicidade deve incidir, primordialmente, na fase preparatória da licitação, nos termos do art. 18, §1º, inc. IX, e art. 40, §2º, inc. II. Entretanto, válido é lembrar que existem avenças públicas cujos contratos são prorrogados e, a cada prorrogação, a exigência de demonstração da economicidade deverá ser observada" (PIRES, Antonio Cecílio Moreira; PARZIALE, Aniello Reis. *Comentários à nova Lei de Licitações Públicas e Contratos Administrativos*: Lei nº 14.133, de 1º de abril de 2021. São Paulo: Almedina, 2022. p. 60).

custos diretos, o que é muito comum nas obras de engenharia, além de mensurar o lucro e os impostos incidentes sobre a atividade econômica verificada naquilo que a Administração busca da iniciativa privada.

2.3.1 Lucro

Conforme consta do Decreto Federal nº 7.983, de 8 de abril de 2013, especialmente em seu art. 9º, o preço global de referência será o resultante do custo global de referência acrescido do valor correspondente ao BDI, que deverá evidenciar em sua composição, no mínimo: (...) IV – taxa de lucro.[97]

O lucro, ou margem, integra o BDI. Para Maçahico Tisaka, é "uma parcela destinada a remunerar o custo de oportunidade do capital aplicado, capacidade administrativa, gerencial e tecnológica adquirida ao longo de anos de experiência no ramo, responsabilidade pela administração do contrato e condução da obra através da estrutura organizacional da empresa e investimentos na formação profissional do seu pessoal, e criar a capacidade de reinvestir no próprio negócio".[98]

Para Hamilton Bonatto, lucro é:

> ... uma margem estimada de segurança vinculada aos custos diretos e às despesas indiretas, tendo como escopo fazer frente às incertezas normais dos contratos de construção, bem como retribuir à contratada os serviços realizados (lucro que compõe o BDI é o lucro operacional, o qual é projetado teoricamente, portanto não é o lucro realmente auferido pela empresa, não representando a diferença entre o total de receitas e despesas de uma obra ou serviço de engenharia, o qual implica no lucro real se computado o desconto do imposto de renda sobre a pessoa física e da contribuição sobre o lucro líquido.[99]

---

[97] Art. 9º do Decreto nº 7.983, de 8 de abril de 2013, que estabelece regras e critérios para elaboração do orçamento de referência de obras e serviços de engenharia, contratados e executados com recursos dos orçamentos da União, no que couber, para a definição do valor estimado nos processos de licitação e de contratação direta de obras e serviços de engenharia, de que dispõe o §2º do art. 23 da Lei nº 14.133, de 1º de abril de 2021, no âmbito da Administração Pública federal direta, autárquica e fundacional.
"Art. 9º O preço global de referência será o resultante do custo global de referência acrescido do valor correspondente ao BDI, que deverá evidenciar em sua composição, no mínimo: (...) IV – taxa de lucro."

[98] Cf. ob. cit., p. 93.

[99] BONATTO, Hamilton. *Licitações e contratos de obras e serviços de engenharia*. 2. ed. Belo Horizonte: Fórum, 2012, p. 292.

Por conta dessa característica, a sua fixação passa a ser subjetiva, na medida em que somente o particular pode estabelecer a remuneração que considera ideal para a execução daquele objeto que passa pelo crivo da licitação, não sendo possível a fixação exata.[100] Como bem ressaltou a professora Maria Alice Pius, a lucratividade é "imposta pelo construtor".[101]

Logo, não há como controlar o lucro do licitante, permitindo que seja excessivo ou exigindo que seja reduzido, podendo esse constar na planilha comercial de forma estratosférica, fato que não tornará a sua proposta comercial competitiva ou mesmo reduzida a zero (o lucro e não o percentual de BDI), conforme veremos ao longo deste livro, circunstância que pode garantir o êxito em sagrar-se vencedor do certame.

Mesmo fixando o Tribunal de Contas faixas de variação do BDI, como veremos também a seguir, estabelecendo lá margens de lucratividade, nos parece ser inadequado o Poder Público controlar a quantidade de lucro particular almejada com determinado empreendimento, uma vez que tal comportamento pode violar o princípio da livre-iniciativa.

2.3.2 Despesas indiretas e seus componentes

Segundo o Tribunal de Contas da União,[102] "os custos diretos são objetivos e vinculados à especificação do projeto da obra e suas quantificações, os indiretos são subjetivos e associados ao executor,

---

[100] "A margem de lucro, evidentemente, conforme a sua própria definição, pode variar, a depender da capacidade administrativa de cada empresa do ramo, a tecnologia disponível, a disponibilidade de equipamentos e a formação de seu quadro de pessoal, sendo, portanto, difícil estabelecer objetivamente um percentual exato. O que há são vários estudos que indicam uma margem, para a construção civil, entre 7,0% e 8,5%. Porém, a experiência da Administração Pública, a constante realização de procedimentos licitatórios é que possibilita uma avaliação aproximada do lucro a ser auferido por uma empresa pela execução de uma obra pública, determinando um padrão"(BONATTO, Hamilton. *Licitações e contratos de obras e serviços de engenharia*. 2. ed. Belo Horizonte: Fórum, 2012, p. 292).

[101] Cf. "Análise de algumas práticas utilizadas no cálculo do BDI – Bonificação e Despesas Indiretas – para a fixação de preços de obras na construção civil"; Fatec/SP. Disponível em: http://bt.fatecsp.br/bt_12/mariatrabalho2.pdf. Acesso em: 23 jul. 2008.

[102] TCU, Acórdão nº 325/2007 – Plenário.

às suas necessidades operacionais (administração central, seguros, garantia, caixa), de rentabilidade e obrigações tributárias".

Por sua vez, o TCU ensina que:

> A denominação indireto se dá em razão da sua valoração ser obtida em função de percentuais dos custos diretos, representando o caráter intrínseco ao projeto da obra que tem os custos diretos, diferentemente dos indiretos, que poderiam ser considerados extrínsecos, pois são subsequentes ao projeto já quantificado.[103]

Em resumo, em sua cartilha editada sobre obras públicas, o TCU assevera que:

> (...) os custos indiretos e as despesas indiretas do construtor necessitam de algum critério de rateio para serem apropriadas entre as obras executadas pela empresa e não são passíveis de medição direta, pois não podem ser discriminados na planilha orçamentária. Assim, tais gastos costumam ser considerados apenas no processo de formação da taxa de benefícios e despesas indiretas a ser aplicada no orçamento da obra. Como exemplo de despesas indiretas, citam-se os gastos com a administração central da construtora.[104]

Anote-se, ainda, que Maçahico Tisaka[105] define que despesas indiretas "são todas as despesas que não fazem parte dos insumos da obra e sua infraestrutura no local de execução, mas são necessárias para a sua realização".

Sendo assim, tudo aquilo que não for possível *quantificar* e *discriminar* na planilha de custos diretos, por não estar vinculado diretamente ao objeto, intrinsecamente,[106] e for necessário para a execução do objeto contratado pela Administração Pública, deverá ser consignado como sendo uma despesa indireta.

Hamilton Bonatto, inteligentemente, ressalta que:

> As despesas indiretas são, evidentemente, aquelas que influenciam o preço final da obra, porém não possuem relação direta com ela.

---

[103] TCU, Acórdão nº 325/2007 – Plenário.

[104] Cf. ob. cit., p. 18.

[105] Cf. ob. cit., p. 49.

[106] BONATTO, Hamilton. *Licitações e contratos de obras e serviços de engenharia*. 2. ed. Belo Horizonte: Fórum, 2012, p. 295.

Sua quantificação é obtida a partir de percentual sobre as diretas. Ao serem somados com as diretas compõem o orçamento da obra, isto é, são despesas que não são realizadas diretamente na execução da obra, e sim provenientes de seu executor. Então, as despesas diretas vêm do projeto de engenharia, enquanto a indireta provém da construtora, de sua estrutura.[107]

Em razão disto, ao longo dos anos, os órgãos de controle, especialmente os Tribunais de Contas, analisam milhares de processos licitatórios e, por meio de estudos sérios, vêm determinando quais custos devem ser computados como despesas diretas e quais despesas devem ser classificadas como despesas indiretas, devendo onerar o BDI.

Hoje, podemos afirmar que as despesas indiretas estão relacionadas às despesas necessárias para o pagamento da estrutura empresarial do proponente (administração central), obrigações tributárias, seguros, risco causado ou por omissões no projeto, ou por adversidades que podem ocorrer durante a execução do objeto, dentre outras.

Esclareça-se que, em auditoria,[108] [109] constando um determinado custo no BDI, este não pode, em hipótese alguma, restar arrolado na planilha de custos unitários, sob pena de caracterização de pagamento em duplicidade.

---

[107] BONATTO, Hamilton. *Licitações e contratos de obras e serviços de engenharia*. 2. ed. Belo Horizonte: Fórum, 2012, p. 292.

[108] 4. POSSÍVEIS ACHADOS DE AUDITORIA

(...)

d) Inclusão irregular dos serviços de custo direto na composição do BDI da empresa proponente: os itens como administração local, mobilização/desmobilização, transporte de pessoal, alimentação, equipamentos de proteção individual, Imposto de Renda de Pessoa Jurídica – IRPJ e Contribuição Social sobre Lucro Líquido – CSLL devem constar da planilha de custos diretos e consequentemente medidos e pagos conforme andamento da obra, como determina o art. 7º, §2º, inciso II e §4º, art. 6º, inciso IX, alínea "f" e art. 40, §2º, inciso II da Lei Federal nº 8.666/93 e os artigos 1º e 28 da Lei 9.430/1966. PROC-IBR-GER 015/2016 – ORIENTAÇÃO IBRAOP.

[109] "A Equipe de Auditoria deverá verificar:

(...)

- Se existe a apropriação concomitante de valores no BDI e no custo direto da obra, fato que caracteriza sobrepreço por duplicidade na contabilização de custos, citando-se como exemplo, custos com a administração local, mobilização e desmobilização, canteiro de obras, equipamentos de proteção individual, transporte de pessoal e alimentação." – PROC-IBR-GER 015/2016 – IBRAOP.

2.3.2.1 Rateio da administração central

Os custos com a administração central são uma despesa típica que consta do BDI, não estando seu custo na planilha de composição de custos de uma obra ou serviço.

Nesse sentido, conforme consta do Decreto Federal nº 7.983, de 8 de abril de 2013, especialmente em seu art. 9º, o preço global de referência será o resultante do custo global de referência acrescido do valor correspondente ao BDI, que deverá evidenciar em sua composição, no mínimo: (...) I – taxa de rateio da administração central.[110]

A administração central da contratada é a estrutura física central destinada a executar as atividades de direção empresarial e de gestão de pessoal, contábil, financeira, patrimonial, servindo, ainda, como um almoxarifado e garagem central etc.

Tal aparelhamento configura o suporte necessário à prospecção e à execução dos seus contratos, manutenção e proteção do patrimônio da empresa, sendo denominada de administração central. Essas despesas não podem ser atribuídas a um serviço específico da obra, pois atinge a todos, devendo ser rateadas.[111] Daí constar do BDI.

Melhor detalhando tais gastos, os engenheiros André Luiz Mendes e Patrícia Reis Leitão Bastos[112] ressaltam que o valor despendido com essa administração central pode ser composto normalmente pelos gastos:

> com (...): aluguel do escritório central, manutenção da edificação da sede da empresa, compra de material de expediente para o escritório

---

[110] Art. 9º do Decreto nº 7.983, de 8 de abril de 2013, que estabelece regras e critérios para elaboração do orçamento de referência de obras e serviços de engenharia, contratados e executados com recursos dos orçamentos da União, no que couber, para a definição do valor estimado nos processos de licitação e de contratação direta de obras e serviços de engenharia, de que dispõe o §2º do art. 23 da Lei nº 14.133, de 1º de abril de 2021, no âmbito da Administração Pública federal direta, autárquica e fundacional – "Art. 9º O preço global de referência será o resultante do custo global de referência acrescido do valor correspondente ao BDI, que deverá evidenciar em sua composição, no mínimo: (...) I – taxa de rateio da administração central;".

[111] BRAUNERT, Rolf Dieter Oskar Friedrich. *Como licitar obras e serviços de engenharia*: Leis nº 5.194/66 e nº 6.496/77: resoluções e normatizações do CONFEA: súmulas, decisões e acórdãos do TCU. 2. ed. rev. atual. e ampl. Belo Horizonte: Fórum, 2010. p. 136.

[112] Cf. *Revista do Tribunal de Contas da União*, Brasília, TCU, n. 88, vol. 32, p. 16, abr./jun. 2001.

central, despesas com aquisição de editais e elaboração de propostas comerciais, pró-labore e representação da diretoria, despesas com atividades administrativo-financeiras (manutenção da secretaria da sede da empresa e de setores de contabilidade, de recursos humanos, de compras, de finanças e de cobranças), dentre outros.

Mozart Bezerra da Silva,[113] da mesma forma, elenca uma lista de itens que devem constar do orçamento da administração central, sendo eles as despesas com instalações, equipamentos, mão de obra indireta, apoio à mão de obra indireta (transporte), alimentação, capacitação profissional, consumo administrativo e serviços terceirizados.

Para Rolf Dieter Oskar Friedrich, são despesas indiretas:

As despesas indiretas (sede + filiais) devem ser incluídas no BDI e são compostas:
a) Pessoal – custo das equipes do escritório sede e filiais (sócios, diretores, gerentes, técnicos, secretárias, serventes, vigilantes, etc.).
b) Instalações físicas – manutenção dos imóveis (escritórios, terrenos, depósitos de materiais, pátio de equipamentos e oficinas), impostos (IPTU), custo de locações, etc.
c) Veículos e equipamentos – veículos, equipamentos de escritório (fotocopiadoras, computadores, fax, etc.).
d) Despesas correntes – água, luz, telefone, internet, celulares, jornais, assinaturas de revistas, material de escritório e de limpeza, etc.
e) Serviços e consultorias – consultorias técnicas e jurídicas, assessorias contábeis, publicidade, treinamento, etc.
f) Outras despesas – aquisição de editais, despesas com licitações, seguros, viagens, anuidades, aluguel de automóveis, etc.
g) Despesas financeiras – o volume de recursos de que a empresa dispõe deverá ser considerado. As despesas financeiras no caso de obras e/ou serviços de engenharia no âmbito público devem ser desconsideradas, pela Administração, exceto se houver justificativa fundamentada.
h) Riscos e eventuais – é normal a inclusão de uma taxa denominada de risco e eventuais, que corresponde aos imprevistos normais de obra e ainda a determinados pontos falhos existentes nos editais e projetos.[114]

Acerca do limite pecuniário da referida despesa, esclareça-se que a estrutura física da administração central de cada empresa

---

[113] Cf. ob. cit., p. 52.
[114] Cf. ob. cit., p. 136/137.

é peculiar a cada licitante, podendo ser muito reduzida, detendo gastos de pequena monta, podendo estar limitada à pasta ou mochila do empresário, ou, ainda, bem aparelhada, vultosa e luxuosa, detendo, portanto, um quadro significativo de colaboradores, o que significaria o dispêndio de mais recursos com a manutenção desse estabelecimento.

Esclareça-se, portanto, que o tamanho da estrutura central é um fator que poderá influenciar o aumento ou a redução da taxa do BDI praticado pela empresa, uma vez que o custo empregado para gerir essa estrutura é rateado entre os contratos executados no mesmo período.

É importante salientar, que, quanto maior o número de contratos em execução, menor será o percentual do rateio da administração central na composição do BDI, o que reduzirá seu reflexo nessa taxa. Por outro lado, inexistindo contratos em execução, o custo da administração central será total no BDI, elevando, assim, o seu percentual.

2.3.2.2 Taxa de risco do empreendimento

Outro elemento que compõe o BDI é a taxa de risco do empreendimento, tendo como função absorver adversidades que podem surgir durante a execução dos contratos administrativos, suportando, ainda, eventuais garantias prestadas e demais seguros contratados.

A sua função, por meio da alocação de recursos, é garantir a execução satisfatória do objeto pretendido, suportando as adversidades de toda sorte, evitando, por conseguinte, a quebra do equilíbrio econômico-financeiro do contrato, gerando prejuízos ao contratado.

Mas, afinal, o que seria "risco"? Sobre tal tema, apresentamos a lição proposta pelo jurista Marcos Nóbrega:

> A exata definição de risco não é tarefa fácil e há controvérsias na literatura. Uma série de definições pode ser encontrada, tais quais:
> - Uma situação onde não existe um conhecimento do resultado final;
> - A variação de um possível resultado que existe na natureza em uma determinada situação;

- Alta probabilidade de insucesso;
- Falta de previsibilidade sobre estrutura, resultado ou consequências de uma decisão ou planejamento;
- O impacto de algo que está em curso sobre os objetivos e metas estabelecidas, medido em termos de consequências ou probabilidade.

A essência do risco, no entanto, é caracterizada por três aspectos fundamentais: o evento que significa a possível ocorrência de algo que poderia impactar o investimento; a probabilidade que significa a chance de o evento de risco ocorrer em determinado período de tempo e, por fim, o impacto que corresponde ao valor financeiro resultante da incidência do risco.

Muitos ainda misturam o entendimento de risco e a incerteza persiste de fato certa indeterminação semântica sobre isso. Enquanto alguns não fazem qualquer diferenciação, para outros, no entanto, uma situação arriscada ocorreria quando as probabilidades do evento fossem conhecidas, ao passo que estaríamos diante de uma situação incerta se tivéssemos desconhecimento dessas probabilidades. A caracterização do risco pode se dar em diferentes contextos. Em primeiro lugar, o risco pode ser considerado como uma oportunidade e nesse caso quanto maior o risco, maior será o potencial de retornos ou perdas. O risco pode ser também visto como um evento potencialmente negativo que afeta as metas e a performance econômica, sendo a melhor saída a redução da probabilidade do evento negativo.[115]

Conforme consta do Decreto Federal nº 7.983, de 8 de abril de 2013, especialmente em seu art. 9º, o preço global de referência será o resultante do custo global de referência acrescido do valor correspondente ao BDI, que deverá evidenciar em sua composição, no mínimo: (...) III – taxa de risco, seguro e garantia do empreendimento.[116]

A taxa estudada também tem como função tolerar eventuais erros na planilha orçamentária ou no projeto, omissões de serviços, quantitativos imprecisos, ocasionados por projetos mal elaborados

---

[115] Cf. *Direito e economia da infraestrutura*. Belo Horizonte: Fórum, 2020. p. 135/136.

[116] Art. 9º do Decreto nº 7.983, de 8 de abril de 2013, que estabelece regras e critérios para elaboração do orçamento de referência de obras e serviços de engenharia, contratados e executados com recursos dos orçamentos da União, no que couber, para a definição do valor estimado nos processos de licitação e de contratação direta de obras e serviços de engenharia, de que dispõe o §2º do art. 23 da Lei nº 14.133, de 1º de abril de 2021, no âmbito da Administração Pública federal direta, autárquica e fundacional – "Art. 9º O preço global de referência será o resultante do custo global de referência acrescido do valor correspondente ao BDI, que deverá evidenciar em sua composição, no mínimo: (...) III – taxa de risco, seguro e garantia do empreendimento;".

ANIELLO PARZIALE
ASPECTOS JURÍDICOS DO BDI PARA OBRAS E SERVIÇOS

e confusos, além de orçamento desatualizado. A ocorrência desses fatores poderá ocasionar gastos extraordinários não computados na planilha orçamentária, que não podem ser suportados pelo contratado, devendo, dessa forma, estar inseridos na referida taxa.

Com efeito, o percentual desse item oscila em função da complexidade, do prazo de execução e das características do objeto, bem como da matriz de risco assumida contratualmente, conforme prevê o art. 22 da Nova Lei de Licitações,[117] e a sua fixação dependerá de uma análise global do risco envolvido na contratação.

É por esse motivo que se faz útil e necessária a realização de um estudo pormenorizado do ato convocatório e todos os seus anexos – e não apenas uma "leitura" do edital –, especialmente o projeto básico e executivo, suas planilhas orçamentárias e demais documentos técnicos, devendo todos os anexos do edital ser cotejados com o ambiente fático da execução do objeto, na ocasião em que se realiza a vistoria técnica, que tem como objetivo conhecer o local da execução do objeto, aferindo-se as características e particularidades da localidade.

Muitas vezes, somente a análise dos projetos e das planilhas orçamentárias não é suficiente para que a referida taxa de risco seja bem fixada, uma vez que as despesas necessárias para fazer frente

---

[117] "Art. 22. O edital poderá contemplar matriz de alocação de riscos entre o contratante e o contratado, hipótese em que o cálculo do valor estimado da contratação poderá considerar taxa de risco compatível com o objeto da licitação e com os riscos atribuídos ao contratado, de acordo com metodologia predefinida pelo ente federativo.
§1º A matriz de que trata o *caput* deste artigo deverá promover a alocação eficiente dos riscos de cada contrato e estabelecer a responsabilidade que caiba a cada parte contratante, bem como os mecanismos que afastem a ocorrência do sinistro e mitiguem os seus efeitos, caso este ocorra durante a execução contratual.
§2º O contrato deverá refletir a alocação realizada pela matriz de riscos, especialmente quanto:
I – às hipóteses de alteração para o restabelecimento da equação econômico-financeira do contrato nos casos em que o sinistro seja considerado na matriz de riscos como causa de desequilíbrio não suportada pela parte que pretenda o restabelecimento;
II – à possibilidade de resolução quando o sinistro majorar excessivamente ou impedir a continuidade da execução contratual;
III – à contratação de seguros obrigatórios previamente definidos no contrato, integrado o custo de contratação ao preço ofertado.
§3º Quando a contratação se referir a obras e serviços de grande vulto ou forem adotados os regimes de contratação integrada e semi-integrada, o edital obrigatoriamente contemplará matriz de alocação de riscos entre o contratante e o contratado.
§4º Nas contratações integradas ou semi-integradas, os riscos decorrentes de fatos supervenientes à contratação associados à escolha da solução de projeto básico pelo contratado deverão ser alocados como de sua responsabilidade na matriz de riscos."

àquilo que não foi identificado durante o processamento da licitação poderão impactar o lucro do particular.

Por conseguinte, quanto melhor for a qualidade dos projetos e seu grau de atualização, nível de análise do edital pelo licitante, empenho na realização das diligências necessárias para identificação de eventuais falhas, omissões, incertezas no edital e seus anexos, inexistência de alocação de riscos por meio da cláusula de matriz de riscos, em tese, menor será o percentual do referido item na composição do BDI, fato que tornará a oferta mais competitiva.

Ademais, acerca dos riscos que o referido item das despesas indiretas comumente suporta, Maçahico Tisaka[118] aponta, ainda, outras situações que podem elevar a referida taxa, sendo elas: "(...) época das chuvas, evolução das taxas inflacionárias, evolução dos juros do mercado, história de atrasos no pagamento por parte da contratante, baixa produtividade de mão de obra em determinadas regiões, etc.".

Mozart Bezerra da Silva,[119] por sua vez, classifica os riscos que podem ocorrer durante a execução do objeto em situações previsíveis, riscos, incertezas e incertezas de força maior, conceituando-os da seguinte forma:

a) *Situações previsíveis* – Fatos práticos que, embora não mencionados explicitamente nos documentos, tem grande probabilidade de acontecer na prática e são tidos como conhecidos pelo construtor, que deverá arcar integralmente com os gastos por eles gerados. Trata-se de previsão confiável com base nos dados estatísticos disponíveis.

b) *Riscos* – Eventos aleatórios, que pode ou não acontecer, cuja probabilidade de ocorrência e estimativas do impacto por eles gerados podem ser estimadas matematicamente, sendo, se acontecerem, de responsabilidade do construtor. Utiliza-se a racionalidade subjetiva.

c) *Incertezas* – Eventos aleatórios, que podem ou não acontecer, cuja probabilidade de ocorrência e estimativas de impacto são de difícil previsão, sendo, mesmo assim, se acontecerem, de responsabilidade do construtor. Aqui entramos definitivamente no mundo da probabilidade subjetiva, os fenômenos são complexos demais para se calcular probabilidades de eventos históricos. Utilizando informações disponíveis, muita experiência acumulada e muita intuição, as variáveis são definidas.

---

[118] Cf. ob. cit., p. 52.
[119] Cf. ob. cit., p. 83.

d) *Incertezas de força maior* – Eventos aleatórios, que podem ou não acontecer, cuja probabilidade de ocorrência e estimativas de gastos são impossíveis de prever, sendo, se acontecerem, de responsabilidade do contratante.

Por derradeiro, é oportuno salientar que têm sido observadas em nosso dia a dia planilhas anexas a editais que não contemplam todos os custos necessários para executar os encargos fixados no memorial descritivo.

Para piorar, os editais vêm consignando o seguinte:

Todos os serviços e materiais que porventura não foram especificados, porém inerentes e necessários ao bom andamento da obra e objetivo do projeto, serão considerados como descritos, quantificados e de inteira responsabilidade da Contratada, evitando assim, futuros aditivos.[120]

Logo, é dever dos licitantes realizar um estudo profundo do ato convocatório com o escopo de verificar a sua qualidade, sob pena de amargar prejuízos, haja vista não ser possível suportar pelo item "taxa de risco do empreendimento" todas as despesas que surgirem durante a execução do contrato em razão de falhas ou omissões nos projetos ou termo de referência.

2.3.2.3 Despesas financeiras

As despesas financeiras também integram o BDI de obras, serviços de engenharia e demais serviços contratados pela Administração Pública brasileira.

A despesa financeira é o montante gasto pelo contratado na busca do capital necessário para fazer frente aos custos iniciais com a execução do objeto demandado pelo Poder Público, como, por exemplo, os juros do financiamento dos recursos financeiros que eventualmente busque o particular para executá-lo e demais encargos.

O percentual desse item na composição do BDI poderá ser mínimo caso a empresa apresente-se capitalizada, remunerando-se,

---

[120] Tomada de Preços nº 001/2023 – Prefeitura Municipal de Rosana/SP.

apenas, o particular pela perda monetária decorrente da inflação, fato que tornará a sua proposta comercial competitiva. Com efeito, detendo recursos em caixa para iniciar a execução do objeto, estará afastada a necessidade de socorro às instituições financeiras, caso em que o percentual do referido item consignará apenas o eventual rendimento do particular na hipótese de o seu capital estar no sistema financeiro.

Corroborando tal assertiva, Maçahico Tisaka[121] assevera que "a despesa financeira é devida para pagamentos a prazo e compreende uma parte pela perda monetária decorrente da defasagem entre a data do efetivo desembolso e a data da receita correspondente, e a outra parte de juros correspondentes ao financiamento da obra paga pelo executor".

Anote-se que, como regra, os arts. 62 e 63 da Lei nº 4.320/64 proíbem o adiantamento de pagamento em contratos administrativos. Logo, é preciso que o contratado disponha de capital para fazer frente às despesas iniciais necessárias à execução do objeto contratado.

Dizemos, em regra, pois, atualmente, a Nova Lei de Licitações, em seu art. 145, excepcionalmente, permite a antecipação de pagamento, na forma lá estampada.[122] Quando assim acontecer, tem-se que tal item estará zerado no BDI, podendo tal despesa ser transferida para a taxa de riscos do empreendimento, como observamos no item anterior, haja vista ser necessário o custeamento da garantia adicional, ou até mesmo para a planilha de custos diretos para execução do objeto demandado, caso seja possível individualizar e quantificar a referida despesa.

---

[121] Cf. ob. cit., p. 92.

[122] "Art. 145. Não será permitido pagamento antecipado, parcial ou total, relativo a parcelas contratuais vinculadas ao fornecimento de bens, à execução de obras ou à prestação de serviços.

§1º A antecipação de pagamento somente será permitida se propiciar sensível economia de recursos ou se representar condição indispensável para a obtenção do bem ou para a prestação do serviço, hipótese que deverá ser previamente justificada no processo licitatório e expressamente prevista no edital de licitação ou instrumento formal de contratação direta.

§2º A Administração poderá exigir a prestação de garantia adicional como condição para o pagamento antecipado.

§3º Caso o objeto não seja executado no prazo contratual, o valor antecipado deverá ser devolvido".

Por fim, o Tribunal de Contas da União alerta, no Acórdão nº 325/07 – Plenário, que a "Administração deve resguardar-se de taxas abusivas, pois o preço da obra não pode ser onerado por ineficiência operacional do executor".

2.3.2.4 Despesas tributárias

As despesas com o pagamento de tributos incidentes sobre o faturamento do particular em razão da execução do objeto contratado, que ocorrerá na forma da legislação competente, são classificadas para fins da composição do BDI como despesas indiretas.

Conforme consta do Decreto Federal nº 7.983, de 8 de abril de 2013, especialmente em seu art. 9º, o preço global de referência será o resultante do custo global de referência acrescido do valor correspondente ao BDI, que deverá evidenciar em sua composição, no mínimo: (...) II – percentuais de tributos incidentes sobre o preço do serviço.[123]

De modo a deixar claro para os licitantes, os editais são categóricos em estabelecer que os custos com quaisquer tributos incidentes sobre a execução do objeto contratado, que deverão ser recolhidos,[124] deverão estar inclusos no preço proposto, não podendo ser repassados ou pagos pela Administração contratante.

Desta feita, em relação aos tributos que compõem as despesas tributárias, o Tribunal de Contas da União, no Acórdão nº 325/07

---

[123] Art. 9º do Decreto nº 7.983, de 8 de abril de 2013, que estabelece regras e critérios para elaboração do orçamento de referência de obras e serviços de engenharia, contratados e executados com recursos dos orçamentos da União, no que couber, para a definição do valor estimado nos processos de licitação e de contratação direta de obras e serviços de engenharia, de que dispõe o §2º do art. 23 da Lei nº 14.133, de 1º de abril de 2021, no âmbito da Administração Pública federal direta, autárquica e fundacional – "Art. 9º O preço global de referência será o resultante do custo global de referência acrescido do valor correspondente ao BDI, que deverá evidenciar em sua composição, no mínimo: (...) II – percentuais de tributos incidentes sobre o preço do serviço, excluídos aqueles de natureza direta e personalística que oneram o contratado;".

[124] "4. POSSÍVEIS ACHADOS DE AUDITORIA
(...)
e) Os tributos constantes na planilha detalhada do BDI da empresa contratada não estão sendo recolhidos: caso algum tributo esteja contemplado na formulação do BDI e não esteja sendo recolhido, a desoneração deverá ser aplicada ao contrato pactuado, refazendo-se o BDI, de forma a garantir apenas o pagamento dos tributos que representam os gastos efetivamente ocorridos, conforme determina o art. 65, §5º e §6º da Lei Federal nº 8.666/93."
– PROC-IBR-GER 015/2016 – ORIENTAÇÃO DO IBRAOP.

– Plenário, elenca que fazem parte do BDI o PIS, a Cofins, a CPRB e o ISSQN.

Trataremos resumidamente de cada um.

2.3.2.4.1 PIS e Cofins

O PIS (Programa de Integração Social) foi instituído pela Lei Complementar nº 7, de 7 de setembro de 1970, e tem como objetivo financiar o pagamento do seguro-desemprego e do abono salarial para os trabalhadores que ganham até dois salários mínimos.

Por sua vez, foi criada pela Lei Complementar nº 70, de 30 de dezembro de 1991, a Cofins, que tem a finalidade de financiar a seguridade social, que inclui áreas como saúde, previdência e assistência social.

A legislação tributária estabelece que essas contribuições têm como base de cálculo a receita bruta ou o faturamento mensal, assim entendido o total das receitas auferidas pela pessoa jurídica, independentemente de sua denominação ou classificação contábil (arts. 2º e 3º da Lei nº 9.718/1993 e art. 1º da Lei nº 10.833/2003), sendo tais expressões (receita bruta e faturamento) sinônimas, consoante entendimento do STF (vide RE 346.084, RE 357950, RE 390840 e RE 358273) (TCU – Acórdão 2622/2013-Plenário).

Incidindo, portanto, sobre a receita bruta ou o faturamento mensal do particular; o valor devido a título de PIS e Cofins deverá onerar o BDI.

2.3.2.4.2 ISSQN

O Imposto Sobre Serviços de Qualquer Natureza – ISSQN, cuja competência pertence aos Municípios e ao Distrito Federal, é disciplinado pela Lei Complementar nº 116/03, norma nacional de observância obrigatória por todos os Municípios, devendo estes observar sua diretriz como base para a sua norma local.

A referida Lei, no seu art. 7º, §2º, inc. I, determina que a base de cálculo do imposto é o preço do serviço.

Veremos mais à frente a questão da base de cálculo do ISSQN no BDI, bem como a necessidade de exclusão do valor despendido com equipamentos e materiais.

Anote-se, ainda, que deve a Administração contratante verificar efetivamente a alíquota do ISS da localidade onde o objeto está sendo executado, abstendo-se de fixar na planilha do BDI a alíquota máxima do ISS, fixada em 5% pela referida lei complementar, quando o Município onde será executado o objeto praticar um percentual inferior.

Nesse sentido, o TCU determinou que:

> 9.2.2. preveja, nas futuras licitações, os percentuais de recolhimento a título de ISS a serem aplicados na composição de BDI dos licitantes, com base nas alíquotas adotadas pelos Municípios situados nas áreas de influência das obras.[125]
>
> 9.1.2. apure os valores pagos indevidamente ao consórcio Ecoplan/Planave pelo superfaturamento relativo aos itens de pessoal e pela inclusão, na taxa de Bonificações e Despesas Indiretas – BDI, de 5% a título de Imposto Sobre Serviços de Qualquer Natureza – ISSQN, enquanto que a lei municipal exige 4%.[126]

Sob pena de desclassificação da proposta comercial, deve o licitante, em sua planilha, a qual constará de sua oferta, demonstrar que o percentual de ISSQN observa a legislação local que regula o imposto.

2.3.2.4.3 CPRB

A Contribuição Previdenciária sobre a Receita Bruta (CPRB) é um novo método de arrecadação de contribuição previdenciária criado pelo governo federal com o objetivo de reduzir os custos trabalhistas em várias atividades econômicas. Ele substitui a antiga forma de contribuição previdenciária, que era calculada com base nos salários dos funcionários.

Busca-se por meio da CPRB promover investimentos produtivos e estimular o crescimento econômico em setores importantes da economia do País. Para fazer isso, as Leis nºs 12.546/11, 12.844/13 e 13.043/14 estabeleceram que a contribuição previdenciária patronal, fixada em 20% sobre a folha de pagamento, fosse substituída por uma taxa de 2% aplicada sobre o valor total da receita bruta das empresas.

---

[125] TCU, Acórdão nº 32/2008 – Plenário.
[126] TCU, Acórdão nº 327/2009 – Plenário.

Essa mudança na forma de calcular a contribuição previdenciária tem o objetivo de tornar a carga tributária mais favorável para as empresas, estimulando o crescimento dos negócios e, assim, impulsionando a economia nacional.

Incidindo a referida legislação sobre os licitantes que executarão o objeto demandado pela Administração, tem-se que tal sistemática deverá ser observada na precificação da obra ou serviço, devendo o BDI ser "onerado", de modo a permitir o pagamento dos 2% do CPRB sobre a receita bruta do futuro contratado.

Por sua vez, não deverá constar dos encargos do futuro contratado a incidência dos 20% da contribuição patronal sobre a folha de pagamento dos colaboradores alocados para execução do objeto demandado pela Administração.

Esclareça-se, por derradeiro, que nesta obra trataremos mais sobre o BDI onerado e desonerado.

2.3.2.5 Tributos que não podem constar do BDI: IRPJ e CSLL

Conforme restará mais bem delineado, o Tribunal de Contas da União cravou ser indevido constar do BDI o percentual referente à parcela do IRPJ e da CSLL incidentes na execução do objeto contratado, com arrimo no argumento de que, diante da natureza desses tributos, considerados personalísticos, devem ser suportados pelo particular, sendo, dessa forma, irregular o seu repasse à Administração Pública, caracterizando, inclusive, superfaturamento.[127]

Por ser remansoso tal entendimento, restou editada a Súmula nº 254 pelo TCU, com a seguinte redação:

> O IRPJ – Imposto de Renda Pessoa Jurídica – e a CSLL – Contribuição Social sobre o Lucro Líquido – não se consubstanciam em despesa indireta passível de inclusão na taxa de Bonificações e Despesas Indiretas

---

[127] "A Equipe de Auditoria deverá verificar:
(...)
- Se existe a apropriação indevida de parcelas referentes ao IRPJ (Imposto de Renda Pessoa Jurídica) e a CSLL (Contribuição Social sobre o Lucro Líquido) no BDI do orçamento base e/ou no BDI do contratado, fato que caracteriza sobrepreço/superfaturamento do montante apropriado indevidamente." – PROC-IBR-GER 015/2016.

– BDI do orçamento-base da licitação, haja vista a natureza direta e personalística desses tributos, que oneram pessoalmente o contratado.

Da mesma forma, não deverão ser aplicados os impostos incidentes sobre os materiais aplicados na obra ou prestação de serviço, a exemplo do ICMS e IPI, uma vez que tais tributos incidem no preço dos materiais, assim como os encargos sociais aplicados sobre a folha de pagamento, que deverão estar incorporados ao salário.[128]

2.4 O BDI onerado e o BDI desonerado

Preliminarmente, cumpre-nos asseverar que a Lei Federal nº 12.546/11, modificada posteriormente pelas Leis nºs 12.844/13 e 13.043/14, entre outras medidas, alterou a base de cálculo para a contribuição previdenciária de alguns segmentos de empresas lá verificados até 31 de dezembro de 2023, que foi prorrogada até 2027, pela Lei Federal nº 14.784/23, sendo objeto de veto pelo Presidente da República, veto esse derrubado pelo Congresso Nacional.

Ocorre que finalizamos o ano de 2023 com a Medida Provisória nº 1.202, editada em 28.12.2023 e publicada no DOU de 29.12.2023, cujo teor reonera a folha de pagamento de empresas brasileiras e garante, ainda que provisoriamente, uma maior arrecadação de impostos para 2024 – grande desejo do Governo Federal.

Até então, a perspectiva que o empresariado tinha até o dia 29 de dezembro de 2023 era que no ano de 2024 inexistiriam surpresas tributárias, especialmente aquelas que repercutem nos contratos administrativos, passando a gestão destes a ter os riscos e emoções de sempre.

O grande problema é que a reoneração da folha de pagamento reflete negativamente nos contratos administrativos de modo a gerar um flagrante desequilíbrio econômico-financeiro em desfavor do contratado.

No momento que modificação da legislação tributária for concluída, fato que reonera a folha de pagamento, será necessário

---

[128] BRAUNERT, Rolf Dieter Oskar Friedrich. *Como licitar obras e serviços de engenharia*: Leis nº 5.194/66 e nº 6.496/77: resoluções e normatizações do CONFEA: súmulas, decisões e acórdãos do TCU. 2. ed. rev. atual. e ampl. Belo Horizonte: Fórum, 2010. p. 139.

que o contratado analise o impacto e solicite à Administração Pública contratante o restabelecimento da equação, uma vez estamos diante de um típico comportamento estatal caracterizado pelo fato do príncipe, o qual detém amparo legislativo para recomposição de preço no artigo 65, II, "d", da Lei nº 8.666/93 e, doravante, no art. 124, II, "d", da Lei nº 14.133/21. Com efeito, o fato do príncipe é toda determinação estatal, imprevista e imprevisível, que venha a onerar a execução do contrato ou ata de registro de preços.

Ainda não se sabe se politicamente tal pretensão governamental se manterá de pé em 2024, já que é muito criticada.

Mas o que não podemos deixar de lembrar é que as medidas provisórias entram em vigor na data da sua edição e que os efeitos da reoneração da folha de pagamento já recairão sobre a tributação das empresas no corrente ano.

É muito importante que as empresas, por meio dos seus departamentos contábeis ou de engenharia, se antecipem e façam a projeção dos seus custos atinentes à folha de pagamento à luz do conteúdo invertido na medida provisória em destaque.

Desta feita, sendo o objeto da licitação executado por particular enquadrado nos códigos existentes na Classificação Nacional de Atividades Econômicas (CNAE) estruturada pelo governo federal e previstos no art. 7º da Lei Federal nº 12.546/11, tem-se que a contribuição previdenciária será de 2% sobre o valor da receita bruta e não mais 20% sobre o total das remunerações pagas ou creditadas a qualquer título (art. 22, incs. I e III, da Lei nº 8.212/1991). Logo estará o BDI "onerado".

Assim sendo, devendo o Poder Público observar tal política pública, pois trará economia para o erário, haja vista a desoneração da folha de pagamento que impacta o preço daquilo que passa pelo crivo da licitação, deve o edital e correspondentes planilhas contemplar tal iniciativa, sob pena de caracterização de sobrepreço.

Sobre tal questão, na ocasião da implementação da referida política pública, manifestou o eg. Tribunal de Contas da União, valendo a pena a transcrição como complemento de nossos comentários:

> 1. Os orçamentos de licitações em obras e serviços de engenharia *devem considerar a desoneração instituída pela Lei 12.844/13*, que possibilita a redução de custos previdenciários das empresas de construção civil, caracterizando *sobrepreço a fixação de valores em contrato que desconsidere tal dedução.*

Levantamento de Auditoria realizado nas obras de reforma e ampliação do terminal de passageiros do Aeroporto Salgado Filho, em Porto Alegre/ RS, apontara, dentre outras irregularidades, 'sobrepreço decorrente de preços excessivos frente ao mercado'. No caso concreto, o orçamento da licitação não considerara a desoneração instituída pela Lei 12.844/13, que, ao alterar o art. 7º da Lei 12.546/11 permite a redução dos custos previdenciários das empresas de construção civil nas obras de construção de edifícios, de instalações prediais, de acabamento e outros serviços especializados de construção. O relator anotou que a desoneração 'impacta diretamente e significativamente nos encargos sociais sobre a mão de obra, aplicável ao objeto da presente contratação. São 20% a menos a serem aplicados sobre os custos de todos os operários. Ao mesmo tempo, como medida compensatória, deve-se incluir 2% sobre o lucro bruto relativo à Contribuição Previdenciária sobre a Renda Bruta (CPRB), a ser incluída diretamente no BDI'. Ressaltou ainda que *'a não consideração dessa novidade em matéria tributária ensejou um sobrepreço em toda a mão de obra do empreendimento'*. Considerando que a Infraero, ao tomar conhecimento da irregularidade, republicou o edital, bem como aplicou a desoneração estabelecida pela Lei 12.546/11, o Tribunal, acolhendo proposta do relator, decidiu, em relação ao ponto, notificar a empresa da impropriedade relativa à *'inobservância, à época da elaboração do orçamento da obra, da Lei 12.844/2013, que alterou o art. 7º da Lei 12.546/2011 – a impactar nos custos das empresas da construção civil nas áreas de construção de edifícios; instalações elétricas, hidráulicas e outras instalações em construções; obras de acabamento e outros serviços especializados de construção – especificamente quanto à desoneração do INSS nos encargos sociais sobre a mão de obra e* quanto à criação da Contribuição Previdenciária sobre a Renda Bruta (CPRB), a onerar o BDI em 2% (Acórdão nº 2293/13-Plenário, TC-017.124/2013-1, Ministro Relator Valmir Campelo, em 28/8/13, in *Informativo de Licitações e Contratos*, nº 166, sessões de 26 e 27 de agosto de 2013) (destaque nosso).

Conforme estabelece a cartilha do TCU sobre obras públicas, *in verbis*:

Com a medida, o construtor é isentado da contribuição patronal do INSS de 20% sobre a folha de pagamento. Por outro lado, deverá contribuir com uma alíquota de 2% sobre a receita bruta, denominada Contribuição Previdenciária sobre a Receita Bruta (CPRB).

Ante o exposto, ao orçar edificações, rodovias, ferrovias, sistemas de saneamento, obras de infraestrutura urbana e outras tipologias de obras desoneradas, deve-se obrigatoriamente utilizar o percentual de encargos sociais considerando a desoneração da folha de pagamento.[129]

---

[129] Cf. ob. cit. p. 31.

Por sua vez, não estando os proponentes submetidos à referida política pública, não estará isento da contribuição patronal do INSS, devendo constar das planilhas de custo direto os 20% sobre a folha de pagamento. Neste caso, portanto, o BDI encontra-se "desonerado".

2.5 As razões para a variação do BDI entre objetos

A seguir apontaremos como são diversos os fatores que influenciam a oscilação do BDI, tanto na definição da sua composição quanto na fixação do seu montante.

Com efeito, tem-se que o BDI não é um percentual fixo, um número estático, que pode ser atribuído para qualquer tipo de objeto.

Ressalte-se que os custos para a execução de uma obra ou serviço não se apresentam como padrão. Com efeito, cada obra ou serviço detém peculiaridades que a individualizam em relação a outra. Tais elementos individualizadores podem ser, por exemplo: tipo de terreno, relevo, clima do local da execução, condições econômicas. Esclareça-se que tal assertiva também se aplica aos serviços que não sejam de engenharia.

Ademais, a fixação da taxa do BDI depende, também, da época de realização do serviço, pois está vinculada aos custos financeiros (a taxa de mercado variável) e ao lucro (que, em função da demanda de mercado pelo tipo de obra, pode variar).[130]

Em razão disto, já decidiu o TCU:

2.1. à Secretaria de Estado de Segurança Pública e Defesa do Distrito Federal que: 2.1.1 abstenha-se de fixar percentual para o BDI (Bonificações e Despesas Indiretas) nas próximas licitações pela falta de amparo legal para tanto e porque tal procedimento impede os licitantes de desigualarem se em itens relevantes, como taxa de administração e lucro.[131]

11. No que concerne ao tema BDI, preliminarmente, cumpre esclarecer que não há como se estipular o percentual preciso a ser aplicado para essa taxa, porquanto a adequabilidade do custo arbitrado está associada

---

[130] Cf. Manual Técnico de Fiscalização de Obras Públicas e Serviços de Engenharia, TCM/SP, 2005, p. 24/25.

[131] TCU, Acórdão n° 1.046/2005 – 1ª Câmara.

às características da obra em questão e às especificidades dos serviços incluídos como custos diretos na planilha orçamentária.[132]

Neste sentido, também asseverou o Tribunal de Contas do Município de São Paulo:

O BDI deve ser diferenciado por obra, através de dados reais criteriosamente avaliados. O índice pode variar de empresa para empresa, de acordo com a eficiência na administração de despesas indiretas e do fluxo de caixa.[133]

Por ser oportuno, trataremos de alguns destes elementos sem a pretensão de esgotar as circunstâncias que podem permitir a oscilação do BDI entre empreendimentos demandados pela Administração Pública brasileira, sejam obras ou serviços, de engenharia ou não.

2.5.1 O tipo, porte e local da obra ou serviço

O tipo ou o porte de uma obra ou serviço, de engenharia ou não, pode fazer com que a taxa e a composição do BDI variem, uma vez que cada tipo de objeto detém peculiaridades e características executórias próprias, que deverão ser levadas em consideração na ocasião da precificação do objeto que passa pelo crivo da licitação.

Logo, é possível cravar que o BDI de uma obra metroviária será distinto daquele fixado para uma reforma, que também será diferente do proposto para a prestação de serviço com utilização exclusiva de mão de obra.

Com efeito, além das peculiaridades construtivas ou executórias, observadas em cada tipo de obra ou serviço, a fixação da composição do BDI leva em conta adversidades que podem ocorrer durante a execução do objeto, que não são observadas em outro; fazendo-se necessário consignar essas intempéries no arranjo do BDI com o fim de suportar tais situações.

---

[132] TCU, Acórdão nº 1.795/2009 – Plenário.
[133] Cf. Manual Técnico de Fiscalização de Obras Públicas e Serviços de Engenharia, TCM/SP, 2005, p. 24.

Corroborando a assertiva proposta, ressalta o TCU que as "(...) características intrínsecas de cada empreendimento devem ser consideradas para a composição do BDI contratual".[134]

2.5.2 Projetos e termos de referência mal elaborados

Como salienta Cláudio Sarian Altounian: "A elaboração do orçamento detalhado produz diversos benefícios: definição do valor a ser investido, com maior precisão do que a avaliação efetuada de forma explícita; visualização dos serviços a realizar e seus quantitativos; identificação dos insumos que serão aplicados; e futura elaboração do cronograma financeiro da obra".[135]

A ausência dos elementos supramencionados em um projeto (o que o torna precário e defeituoso) pode acarretar o aumento do BDI, induzindo a Administração a pagar mais caro pelo objeto pretendido, desnecessariamente.

Melhor explicando, observe-se que os defeitos dos projetos ou termos de referência, que podem traduzir-se em sobrecusto ao licitante, e que não estão previstos nos custos diretos da execução do objeto, serão suportados pelo item denominado "taxa de risco do empreendimento" ou "reserva de contingência", cuja finalidade é arcar com os custos provenientes das omissões nos projetos e orçamentos e com eventuais seguros, destinados a cobrir danos imprevisíveis.

Dentro dessa seara, o Tribunal de Contas da União vem recomendando, com o fim de mitigar a influência de projetos deficientes na elevação dos preços obtidos nas licitações, que os projetos sejam precisos;[136] que seja recolhida a Anotação de Responsabilidade Técnica – ART do profissional que executou o projeto,[137] com o fim de identificar o seu autor; que sejam aprovados pela competente área técnica, mesmo sendo elaborado por

---

[134] TCU – Acórdão nº 424/2008 – Plenário.
[135] Cf. *Obras públicas*: licitação, contratação, fiscalização e utilização, 2. ed. rev. e ampl. Belo Horizonte: Fórum, 2009, p. 75.
[136] TCU, item 9.1.1 do Acórdão nº 2.073/2004 – Plenário.
[137] TCU, item 8.4.3.6 do Acórdão nº 67/2000 – Plenário.

terceiros,[138] podendo ainda, sendo o caso, levar o profissional que o elaborou à competente responsabilização disciplinar.

2.5.3 A localização da obra ou do serviço

A localização da execução do objeto é outro fator que induz a oscilação do percentual do BDI. Anote-se que a distância do local da execução do empreendimento dos centros urbanos ou da sede ou instalações da contratada, as condições geológicas do local e a infraestrutura do local podem elevar os custos indiretos com a administração central, especificamente com transporte de empregados, insumos, equipamentos, telecomunicações, riscos de acidentes etc.

Aliada à distância, pode-se observar dificuldade na contratação de trabalhadores para laborarem na empreitada, prejudicando o cumprimento do cronograma de execução da obra ou serviço. Por outro lado, observe-se que, dentre os proponentes, poderá existir aquele que detenha as suas instalações no mesmo Município ou até mesmo próximo do local da execução do objeto. Assim, o custo com a administração central e, por conseguinte, o percentual do BDI, para esse interessado, tende a cair em relação a essa licitação.

Esclareça-se, ainda, que a localidade onde será executado o objeto também pode refletir na fixação do percentual do Imposto Sobre Serviço – ISS, que será apurado sobre a mão de obra dos serviços que serão prestados, e, por consequência, no BDI. A execução do objeto ocorre efetivamente em local fixado dentro do perímetro territorial de um Município. Este, exercendo a sua competência constitucional de tributar, dispõe da forma que desejar sobre o referido tributo, podendo fixar qualquer alíquota entre a faixa de 2% e 5%. Levando em conta, ainda, que o imposto relativo aos serviços de engenharia, construção civil e manutenção, conforme o art. 3º da Lei Complementar nº 116/03, é devido no local da prestação, e não no local onde está estabelecida a empresa,[139] e que o ISS faz parte da composição do BDI, quanto maior a alíquota

---

[138] TCU, item 9.1.3 do Acórdão nº 1.726/2008 – Plenário.
[139] TCU, item 9.2.2 do Acórdão nº 32/2008 – Plenário.

do referido tributo fixado pela municipalidade, maior será a sua parcela na composição da taxa estudada.

2.5.4 Prazo de execução do objeto

O prazo de execução do objeto demandado pela Administração Pública é outro fator que pode fazer com que o percentual do BDI varie. Neste sentido, quanto maior for o prazo de execução do objeto, maiores poderão ser as dificuldades e adversidades que podem surgir e, por conseguinte, gerar custos que não estejam previstos na planilha de composição de despesas diretas, devendo, portanto, seus custos ser classificados como indiretos, especificamente na taxa de risco do empreendimento.

Assim, a longo prazo, forças da natureza, greves, dificuldade nas contratações, paralisações ou redução do cronograma de execução do objeto etc., devem ser suportadas pela referida taxa.

Acerca desse elemento que pode impactar no BDI de obras ou serviços de qualquer natureza, merecem destaque, novamente, os comentários de Maçahico Tisaka:

> Um dos fatores que mais influenciam as despesas indiretas, e por consequência o BDI, é o tempo de duração da obra.
> Como o BDI é calculado para um determinado prazo de obra, se por alguma razão houver uma demora além desse prazo, a maioria das despesas, principalmente de mão-de-obra, tendem a aumentar proporcionalmente a essa dilatação do prazo.
> Da mesma maneira, se o construtor conseguir executar a obra em menos tempo que o previsto estará ganhando mais com essa redução, desde que o faça com a mesma estrutura inicialmente prevista.[140]

2.5.5 A situação econômica e mercadológica

A situação econômica e mercadológica é outro fator que pode afetar diretamente o percentual do BDI de uma proposta comercial.

Já observamos que um dos elementos que compõem o referido percentual são as despesas financeiras, necessárias para

---

[140] Cf. ob. cit., p. 57.

custear o pagamento de juros provenientes de empréstimos junto às instituições financeiras, caso a empresa não detenha recursos em caixa para iniciar a execução do objeto contratado.

Assim, quanto maior for a taxa praticada pelas instituições financeiras para a concessão de empréstimo ao proponente descapitalizado, que oscilará conforme a conjuntura econômica observada à época do processamento da licitação, maior será sua representação no item "despesas financeiras", elevando, consequentemente, o seu BDI.

2.6 Por que o BDI varia entre empresas?

Analisadas as situações que acarretam que o BDI varie de objeto para objeto, apontaremos os fatores que levam à oscilação do referido percentual de empresa para empresa.

É notório que, num mesmo certame, podemos vislumbrar diferentes percentuais de BDI entre as propostas apresentadas pelos licitantes. Aliás, tal fato já foi observado pelo Tribunal de Contas da União,[141] em acórdão que transcrevemos:

> 8. (...) É que, a meu ver, a formação do percentual de BDI pelas empresas licitantes só pode ser questionada segundo critérios objetivos, visto que a metodologia utilizada por cada uma delas não é uniforme e se conforma às suas particularidades.

Explicando as razões, é notório que as sociedades empresárias não são iguais. Cada empresa detém uma estrutura física distinta da outra, um faturamento e custo administrativo peculiares, a busca de um singular lucro, uma situação financeira própria, por exemplo. Com efeito, existem empresas que detêm estrutura luxuosa, além de galpão que serve de pátio para veículos ou equipamentos pesados ou almoxarifado para o controle de móveis e outros bens. Por sua vez, existem empresas com uma estrutura administrativa que é literalmente a pasta do empresário. Observe-se, portanto, que o custo da administração central impacta e muito no BDI.

---

[141] TCU, Acórdão nº 2.346/2007 – Plenário.

Em relação ao faturamento da empresa, que pode ser entendido como reflexo direto do maior número de contratos, quanto maior ele for, menor será o rateio da administração central no BDI. Por sua vez, caso o faturamento venha a diminuir, o rateio tende a ser maior, o que, por conseguinte, aumentará o percentual do BDI. Com efeito, estando o licitante sem contratos em execução, inexistirá rateio, incidindo, portanto, totalmente a despesa com a administração central no BDI da sua proposta comercial.

Sobre tal questão, ensina Hamilton Bonatto, *in verbis*:

> O número de contratos que cada empresa possui no momento da execução da obra também pesa na definição do BDI, pois quanto maior o faturamento mais pulverizadas estarão as despesas referentes à administração.[142]

O lucro também é um fator que confere ao BDI o *status* de não ser um percentual estático. Sendo o benefício um elemento subjetivo, que será eleito tendo em vista o interesse da licitante, do objeto licitado, da competitividade existente no mercado correlato, dentre outros, poderá ser fixado com substancial diferença. Logo, pode ser alto, caso o mercado seja restrito em determinadas regiões ou a tecnologia envolvida seja dominada por um número ínfimo de empresas, ou mínimo, dependendo do tamanho do mercado ou do interesse da licitante naquele objeto, como buscar urgentemente um contrato administrativo para manter a sua equipe técnica ou alcançar um atestado de capacitação técnica.

A saúde financeira da empresa é outro fator que também pode gerar reflexos nas despesas indiretas e, por conseguinte, no BDI. Quanto melhor for a sua situação financeira, menor será o seu reflexo nas despesas indiretas e, por conseguinte, na taxa estudada. Como um dos componentes das despesas indiretas são os encargos financeiros pagos aos bancos, tendo em vista que a contratada deverá, às suas expensas, iniciar a execução do objeto por força do art. 62 da Lei nº 4.320/64, que impede o adiantamento de despesa, a empresa deve ter em caixa recursos disponíveis para fazer frente às despesas geradas no início do contrato.

---

[142] BONATTO, Hamilton. *Licitações e contratos de obras e serviços de engenharia*. 2. ed. Belo Horizonte: Fórum, 2012, p. 291.

Dessa forma, estando a empresa capitalizada, será desnecessário socorrer-se às instituições financeiras. Assim, o reflexo da busca pelo capital no BDI pode ser até zero ou apenas o suficiente para retribuir os ganhos financeiros que a monta própria do licitante geraria caso estivesse aplicada financeiramente. Por sua vez, necessitando o licitante de recursos financeiros para iniciar a execução do objeto pretendido pela Administração Pública, os encargos financeiros para o acesso ao capital aumentarão o percentual da taxa de despesas financeiras e, portanto, impactarão no BDI, tornando, assim, a proposta menos competitiva.

É importante asseverar que há quem entenda ser indevido que as despesas financeiras geradas com empréstimos bancários integrem o BDI. Nesse sentido, André Luiz Mendes e Patrícia Reis Leitão Bastos afirmam que:

> se há necessidade de a contratada recorrer a empréstimos é porque a construtora tem uma deficiência no capital de giro, e não cabe à contratante, ainda mais quando esta é a Administração Pública, pagar por tal deficiência.[143]

Por fim, apresentamos excertos de alguns acórdãos que bem manifestaram tudo o que foi tratado; vejamos:

> Há componentes de custos diretos e de BDI que podem ter variação a maior ou a menor de acordo com peculiaridades do contrato, capacidades e experiências da contratada, exigências específicas da contratante, e, ainda, e, principalmente, com critérios e metodologias de cálculo. O cotejo de cada encargo, de cada insumo, de cada percentual, de cada peculiaridade, de cada consideração, poderia suscitar, muito provavelmente, suscitaria inúmeros questionamentos, discussões e dúvidas, em decorrência das distintas e várias possibilidades de composição da planilha de preços quanto à parcela de insumos, encargos, despesas indiretas e bônus.

> Além disso, os percentuais de BDI, a priori, podem variar razoavelmente, sem que isso represente necessariamente sobrepreço ou subpreço, desde que o contrato que contenha o BDI fora do normalmente aceitável decorra de certame público que tenha obedecido aos ditames da lei

---

[143] Cf. ob. cit., p. 16.

de licitações e do edital, e o preço final ajustado esteja seguramente compatível com o de mercado.[144]

'(...) reputo que não cumpre ao TCU estipular percentuais fixos para cada item que compõe a taxa de BDI, ignorando as peculiaridades da estrutura gerencial de cada empresa que contrata com a Administração Pública. O papel da Corte de Contas é impedir que sejam pagos valores abusivos ou injustificadamente elevados e por isso é importante obter valores de referência, mas pela própria logística das empresas é natural que ocorram certas flutuações de valores nas previsões das despesas indiretas e da margem de lucro a ser obtida'.

24. Nessa mesma linha, a estatal apresenta trechos dos Acórdãos nºs (...) 424/2008-PL e 2382/2007-PL que versam sobre a necessidade de observar as características de cada empreendimento na composição do BDI contratual e a inadequação dos valores referenciais estabelecidos no Acórdão nº 325/2007-PL às obras de construção do edifício-sede da Procuradoria-Geral do Trabalho.[145]

17. Nesse sentido, diferentemente do que sustenta a Unidade Técnica, reputo que não cumpre ao TCU estipular percentuais fixos para cada item que compõe a taxa de BDI, ignorando as peculiaridades da estrutura gerencial de cada empresa que contrata com a Administração Pública.[146]

Sendo assim, nas palavras do professor Hamilton Bonatto:

Com isso se conclui que cada obra e cada empresa devem possuir seu próprio BDI, cálculo este que não é possível se realizar quando se licita uma obra pública, pois teria que levar em conta a situação de cada uma das empresas participantes para o cálculo.
(...)
O que se utiliza com maior largueza são gráficos que levam em conta o porte e estimativa de preço, estabelecendo não o BDI da obra, mas o BDI aceitável pela Administração.[147]

2.7 BDI padrão e as faixas de variação

Conforme o exposto nos capítulos anteriores, cada objeto pretendido pela Administração Pública detém características peculiares, as quais refletirão na composição das despesas indiretas

---

[144] TCU – Acórdão nº 645/2009 – Plenário.

[145] TCU – Acórdão nº 3.044/2008 – Plenário.

[146] TCU – Acórdão nº 2.469/2007 – Plenário.

[147] BONATTO, Hamilton. *Licitações e contratos de obras e serviços de engenharia.* 2. ed. Belo Horizonte: Fórum, 2012, p. 290.

do BDI. Não é diferente o lucro pretendido pelos licitantes, elemento subjetivo, cuja fixação difere entre proponentes.

Assim, em regra, observa-se não ser possível estabelecer, no ato convocatório, pela Administração licitante, um BDI predeterminado para ser aplicado na execução de qualquer empreendimento, sob pena de serem observados problemas de toda sorte, não só no âmbito da licitação como durante a execução do contrato. Já foram observadas bizarrices de toda forma sobre tal questão.[148]

Melhor explicando, a fixação de um BDI padrão pela Administração pode frustrar a competitividade do certame, na medida em que os interessados podem julgar inoportuno o BDI oferecido pela Administração, já que, descontadas as despesas indiretas, o benefício (lucro) pode ser desinteressante para o particular, haja vista os riscos envolvidos numa contratação pública, o que prejudicaria a competitividade do certame e o alcance da proposta mais vantajosa. Observe-se que somente o particular pode saber a remuneração que lhe é conveniente.

Corroborando nosso entendimento, aduziu o TCU[149] que:

> 3. O percentual de Bônus e Despesas Indiretas – BDI a ser adotado, por não ser diretamente mensurável, deve levar em consideração as especificidades de cada contrato, não devendo ser prefixado no edital, sob pena de restringir a obtenção de proposta mais vantajosa para a Administração.
> 27. No entanto, a aplicação da faixa referencial apresentada no Acórdão n. 325/2007 – Plenário para outros tipos de obra não é regra absoluta. É pacífico que vários fatores influenciam na determinação do valor do BDI, como a localização, tamanho e complexidade da obra, características do mercado fornecedor da região da construção e porte e atuação da empresa, entre outros. Portanto, admite-se que outros valores de BDI possam ser utilizados em casos concretos específicos, desde que, em observância ao princípio da motivação dos atos administrativos, haja as devidas justificativas dos gestores, com as ponderações atinentes a cada caso, tendo-se em vista as peculiaridades, porte e natureza de certos tipos de obras.[150]

---

[148] 1. O percentual de lucro estipulado no BDI, de 1%, para o objeto em apreço, não se mostra razoável (TCE/SP – 21377.989.21-5).

[149] TCU – Acórdão nº 1.595/2006 – Plenário.

[150] Relatório do TCU – Acórdão nº 2.545/2011 – Plenário.

Ainda acerca desse assunto, a fixação do BDI pela Administração fere o princípio constitucional da livre-iniciativa, insculpido nos arts. 1º, inc. IV, e 170 da Constituição Federal de 1988, uma vez que é impertinente a Administração Pública fixar, controlar ou restringir a remuneração dos particulares interessados em contratar com ela ou os custos indiretos.

É o que leciona Paulo Sérgio de Monteiro Reis:

> Se admitirmos a possibilidade da Administração estabelecer o mesmo percentual de BDI a ser adotado obrigatoriamente por todos os participantes do processo de seleção do contratado, estaremos, de pronto, fulminando o princípio constitucional fundamental da livre-iniciativa. E, nessas condições, o ato convocatório deveria ser considerado uma peça inconstitucional, eivando-se de um vício insanável, que o condenaria à nulidade.[151]

Observamos, todavia, o esforço da Administração Pública e das Cortes de Contas no sentido de estabelecer faixas de variação aceitáveis, como foi feito no Acórdão nº 325/2007 – Plenário, e até mesmo percentuais fixos de BDI para determinados objetos.

Acerca desse expediente, arrolamos o excerto constante no Acórdão nº 424/2008 – Plenário:

> 15. Como é cediço, a fixação de taxa de BDI compatível com o orçamento de obras civis é questão de notória complexidade, com que há muito se depara este Tribunal.
> 16. Embora já se tenha avançado em relação ao tema, é forçoso reconhecer que o estabelecimento de faixas ideais para taxas de BDI esbarra, no mais das vezes, na especificidade de cada contrato, resultando em difícil aplicabilidade de percentuais predefinidos. Por tal razão, conforme jurisprudência invocada pela embargante, já reconheceu este Plenário, no mencionado Acórdão nº 1595/2006, que não deve constar de previsão editalícia a taxa de BDI a ser adotada na contratação, 'sob pena de restringir a obtenção de proposta mais vantajosa para a Administração'.
> 17. Em corroboração à sua linha argumentativa, a recorrente apontou o entendimento consagrado por este Plenário, quando da aprovação do Acórdão nº 2469/2007, na Sessão de 21.11.07. Do voto condutor, proferido pelo auditor Marcos Bemquerer Costa, extrai-se o excerto que se segue: '(...) reputo que não cumpre ao TCU estipular percentuais fixos para cada item que compõe a taxa de BDI, ignorando as peculiaridades da estrutura

---

[151] Cf. *Informativo de Licitações e Contratos – ILC*, n. 124, p. 528, jun. 2004.

gerencial de cada empresa que contrata com a Administração Pública'.

18. Estes argumentos levam-me a reconhecer a procedência das razões recursais, no que se refere à inadequação dos valores referenciais estabelecidos no Acórdão nº 325/2007 – TCU – Plenário, às obras de construção do edifício-sede da Procuradoria Geral do Trabalho, objeto do Contrato nº 23/2006.

19. O caráter particularizado das obras de linhas de transmissão e subestações difere, naturalmente, de obras civis de edificação predial. Portanto, há de considerar que as características intrínsecas de cada empreendimento reflitam diretamente na composição do BDI dos contratos correspondentes.

20. Sob este enfoque, a adoção de parâmetros diferenciados de BDI pode refletir diretamente no balanceamento econômico-financeiro do contrato, estabelecido em conformidade às condições editalícias, posto que estar-se-ia impondo parâmetros redutores calcados em obras com especificidade diversa.

21. É de considerar, portanto, o argumento da embargante, fundado no Acórdão nº 2469/2007, segundo o qual 'não cumpre ao TCU estipular percentuais fixos para cada item que compõe a taxa de BDI, ignorando as peculiaridades da estrutura gerencial de cada empresa que contrata com a Administração Pública.

Sobre tal questão, ensina o professor Hamilton Bonatto, *in verbis*:

A estimativa do BDI pela Administração leva, sem dúvidas, a uma distorção nos valores, o que pode ser minorado através de estabelecimento de parâmetros que sejam comum a cada obra, a partir de suas características e das características que as empresas devem possuir para poder executá-la.[152]

Ante todo o exposto, em nosso sentir, apresentar um BDI na proposta comercial numa licitação que fixou uma faixa de variação ou percentual fixo não acarreta a desclassificação da oferta caso a proposta não tenha observado tal critério, seja para mais ou para menos, por meio da aplicação cega do princípio da estrita vinculação ao edital.[153]

---

[152] BONATTO, Hamilton. *Licitações e contratos de obras e serviços de engenharia*. 2. ed. Belo Horizonte: Fórum, 2012, p. 291.

[153] A desclassificação de proposta com base no BDI apresentado é medida rechaçada por este Tribunal, haja vista a existência de reiterada jurisprudência condenando previsão congênere. Como já se afirmou anteriormente, é "indevida a rígida prefixação dos percentuais componentes de Bônus e Despesas Indiretas (BDI), pois, consoante precedentes da Corte "a fixação de percentual de BDI é descabida, pois sua composição

Neste caso, é necessário que a Administração solicite a abertura do componente, exigindo que o licitante demonstre as razões do BDI não observar a disciplina fixada no edital. Sobre as faixas de variação, os parâmetros para taxas de BDI contidos no item 9.2 do Acórdão nº 325/2007 – Plenário devem ser utilizados quando se tratar de obras de linhas de transmissão de energia elétrica e de subestações. Vejamos tais faixas de variação:

Descrição	Mínimo	Máximo	Média
Garantia	0,00	0,42	0,21
Risco	0,00	2,05	0,97
Despesas Financeiras	0,00	1,20	0,59
Administração Central	0,11	8,03	4,07
Lucro	3,83	9,96	6,90
Tributos	6,03	9,03	7,65
COFINS	3,00	3,00	3,00
PIS	0,65	0,65	0,65
ISS	2,00	5,00	3,62
CPMF	0,38	0,38	0,38
Total	16,36	28,87	22,61

Outrossim, o Acórdão nº 2.369/2011 – Plenário do TCU, em seu item 9.3.2, transmite orientação às unidades técnicas deste

---

apresenta variações, sobretudo por incluir, também, a margem de lucro, atributo que compete a cada licitante estabelecer, até porque também é influenciada pelas práticas do mercado da construção civil em determinada época e em determinada região..." (TC – 786/989/12 -9, Tribunal Pleno, Conselheira Substituta Silvia Monteiro, sessão de 15.08.2012. No mesmo sentido, conferir também o TC -214/989/14-7, Tribunal Pleno, Conselheiro Sidney Estanislau Beraldo, sessão de 16.04.2014). Por essas razões, voto pela irregularidade da matéria neste ponto – embora no caso dos autos referida irregularidade do edital não tenha importado na desclassificação de propostas (TC – 001036/020/14).

Tribunal a utilizar, até que sejam finalizados os exames do grupo de trabalho interdisciplinar a que se refere o seu item 9.1 supra, os valores referenciais para taxas de BDI contidos nas tabelas a seguir, específicos para cada tipo de obra discriminado:

(continua)

BDI PARA OBRAS DE EDIFICAÇÕES – REFORMA (COM AMPLIAÇÃO DE ATÉ 40%)						
DESCRIÇÃO	MÍNIMO		MÁXIMO		MÉDIA	
ADMINISTRAÇÃO CENTRAL – LUCRO	A. CENTRAL	LUCRO	A. CENTRAL	LUCRO	A. CENTRAL	LUCRO
Até R$ 150.000,00	5,40%	7,00%	10,00%	9,90%	7,50%	8,75%
De R$ 150.000,01 até R$ 1.500.000,00	4,90%	6,50%	9,50%	9,40%	7,00%	8,25%
De R$ 1.500.000,001 até R$ 75.000.000,00	4,40%	6,00%	9,00%	8,90%	6,50%	7,75%
De R$ 75.000.000,01 até R$ 150.000.000,00	3,90%	5,50%	8,50%	8,40%	6,00%	7,25%
Acima de R$ 150.000.000,00	3,40%	5,00%	8,00%	7,90%	5,50%	6,75%
DESPESAS FINANCEIRAS	0,50%		1,50%		1,00%	
SEGUROS, GARANTIAS E RISCOS	0,35%		2,40%		1,32%	
Seguros	0,00%		0,81%		0,36%	
Garantias	0,00%		0,42%		0,21%	
Riscos						
Obras simples, em condições favoráveis, com execução em ritmo adequado	0,35%		0,85%		0,65%	
Obras medianas em área e/ou prazo, em condições normais de execução	0,40%		0,98%		0,75%	
Obras complexas, em condições adversas, com execução em ritmo acelerado, em áreas restritas	0,48%		1,17%		0,90%	
TRIBUTOS	4,85%		6,65%		5,75%	
ISS*	1,20%		até 3,00%		2,10%	
PIS	0,65%		0,65%%		0,65%	
Cofins	3,00%		3,00%		3,00%	

CAPÍTULO 2
COMPOSIÇÃO DE UMA PROPOSTA COMERCIAL:PREÇO = CUSTO DIRETO X BDI | **111**

(conclusão)

BDI PARA OBRAS DE EDIFICAÇÕES – REFORMA (COM AMPLIAÇÃO DE ATÉ 40%)			
DESCRIÇÃO	**MÍNIMO**	**MÁXIMO**	**MÉDIA**
BDI			
Até R$ 150.000,00	22,40%	31,90%	26,80%
De R$ 150.000,01 até R$ 1.500.000,00	21,30%	30,70%	25,70%
De R$ 1.500.000,001 até R$ 75.000.000,00	20,10%	29,60%	24,50%
De R$ 75.000.000,01 até R$ 150.000.000,00	19,00%	28,40%	23,30%
Acima de R$ 150.000.000,00	17,90%	27,20%	22,20%

OBS.: (*) % de ISS considerando 2%, 3,5% e 5% sobre 50% do Preço de Venda – Observar legislação do município.

BDI PARA OBRAS HÍDRICAS – IRRIGAÇÃO E CANAIS						
DESCRIÇÃO	**MÍNIMO**		**MÁXIMO**		**MÉDIA**	
ADMINISTRAÇÃO CENTRAL – LUCRO	A. CENTRAL	LUCRO	A. CENTRAL	LUCRO	A. CENTRAL	LUCRO
Até R$ 150.000,00	4,15%	7,60%	8,00%	11,70%	5,75%	9,00%
De R$ 150.000,01 até R$ 1.500.000,00	3,65%	7,10%	7,50%	11,20%	5,25%	8,50%
De R$ 1.500.000,001 até R$ 75.000.000,00	3,15%	6,60%	7,00%	10,70%	4,75%	8,00%
De R$ 75.000.000,01 até R$ 150.000.000,00	2,65%	6,10%	6,50%	10,20%	4,25%	7,50%
Acima de R$ 150.000.000,00	2,15%	5,60%	6,00%	9,70%	3,75%	7,00%
DESPESAS FINANCEIRAS	0,50%		1,50%		1,00%	
SEGUROS, GARANTIAS E RISCOS	0,25%		1,74%		0,95%	
Seguros	0,00%		0,54%		0,24%	
Garantias	0,00%		0,42%		0,21%	
Riscos						
Obras simples, em condições favoráveis, com execução em ritmo adequado	0,25%		0,57%		0,43%	

(conclusão)

BDI PARA OBRAS HÍDRICAS – IRRIGAÇÃO E CANAIS			
DESCRIÇÃO	MÍNIMO	MÁXIMO	MÉDIA
Obras medianas em área e/ou prazo, em condições normais de execução	0,29%	0,65%	0,50%
Obras complexas, em condições adversas, com execução em ritmo acelerado, em áreas restritas	0,35%	0,78%	0,60%
TRIBUTOS	4,65%	6,15%	5,40%
ISS*	1,00%	até 2,50%	1,75%
PIS	0,65%	0,65%	0,65%
Cofins	3,00%	3,00%	3,00%
BDI			
Até R$ 150.000,00	20,60%	28,70%	24,20%
De R$ 150.000,01 até R$ 1.500.000,00	19,40%	27,60%	23,00%
De R$ 1.500.000,001 até R$ 75.000.000,00	18,30%	26,40%	21,90%
De R$ 75.000.000,01 até R$ 150.000.000,00	17,20%	25,20%	20,70%
Acima de R$ 150.000.000,00	16,10%	24,10%	19,60%

OBS.: (*) % de ISS considerando 2%, 3,5% e 5% sobre 50% do Preço de Venda – Observar legislação do município.

BDI PARA OBRAS HÍDRICAS – SANEAMENTO BÁSICO

DESCRIÇÃO	MÍNIMO		MÁXIMO		MÉDIA	
ADMINISTRAÇÃO CENTRAL – LUCRO	A. CENTRAL	LUCRO	A. CENTRAL	LUCRO	A. CENTRAL	LUCRO
Até R$ 150.000,00	7,70%	9,90%	10,00%	10,00%	8,70%	9,20%
De R$ 150.000,01 até R$ 1.500.000,00	7,20%	9,40%	9,50%	9,50%	8,20%	8,70%
De R$ 1.500.000,001 até R$ 75.000.000,00	6,70%	8,90%	9,00%	9,00%	7,70%	8,20%
De R$ 75.000.000,01 até R$ 150.000.000,00	6,20%	8,40%	8,50%	8,50%	7,20%	7,70%
Acima de R$ 150.000.000,00	5,70%	7,90%	8,00%	8,00%	6,70%	7,20%
DESPESAS FINANCEIRAS	0,50%		1,50%		1,0%0%	
SEGUROS, GARANTIAS E RISCOS	0,35%		2,40%		1,32%	
Seguros	0,00%		0,81%		0,36%	
Garantias	0,00%		0,42%		0,21%	
Riscos						
Obras simples, em condições favoráveis, com execução em ritmo adequado	0,35%		0,85%		0,65%	
Obras medianas em área e/ou prazo, em condições normais de execução	0,40%		0,98%		0,75%	
Obras complexas, em condições adversas, com execução em ritmo acelerado, em áreas restritas	0,48%		1,17%		0,90%	
TRIBUTOS	4,65%		6,15%		5,40%	
ISS*	1,00%		até 2,50%		1,75%	
PIS	0,65%		0,65%		0,65%	
Cofins	3,00%		3,00%		3,00%	
BDI						
Até R$ 150.000,00	25,30%		31,80%		28,30%	
De R$ 150.000,01 até R$ 1.500.000,00	24,20%		30,60%		27,10%	
De R$ 1.500.000,001 até R$ 75.000.000,00	23,00%		29,40%		25,90%	
De R$ 75.000.000,01 até R$ 150.000.000,00	21,90%		28,20%		24,80%	
Acima de R$ 150.000.000,00	20,80%		27,00%		23,60%	

OBS.: (*) % de ISS considerando 2%, 3,5% e 5% sobre 50% do Preço de Venda – Observar legislação do município.

(continua)

BDI PARA OBRAS HÍDRICAS – REDES ADUTORAS E ESTAÇÕES ELEVATÓRIA E DE TRATAMENTO						
DESCRIÇÃO	**MÍNIMO**		**MÁXIMO**		**MÉDIA**	
ADMINISTRAÇÃO CENTRAL – LUCRO	A. CENTRAL	LUCRO	A. CENTRAL	LUCRO	A. CENTRAL	LUCRO
Até R$ 150.000,00	4,00%	10,30%	8,00%	11,00%	5,60%	10,40%
De R$ 150.000,01 até R$ 1.500.000,00	3,50%	9,80%	7,50%	10,50%	5,10%	9,90%
De R$ 1.500.000,001 até R$ 75.000.000,00	3,00%	9,30%	7,00%	10,00%	4,60%	9,40%
De R$ 75.000.000,01 até R$ 150.000.000,00	2,50%	8,80%	6,50%	9,50%	4,10%	8,90%
Acima de R$ 150.000.000,00	2,00%	8,30%	6,00%	9,00%	3,60%	8,40%
DESPESAS FINANCEIRAS	0,50%		1,50%		1,00%	
SEGUROS, GARANTIAS E RISCOS	0,32%		1,98%		1,10%	
Seguros	0,00%		0,54%		0,24%	
Garantias	0,00%		0,42%		0,21%	
Riscos						
Obras simples, em condições favoráveis, com execução em ritmo adequado	0,32%		0,74%		0,57%	
Obras medianas em área e/ou prazo, em condições normais de execução	0,37%		0,85%		0,65%	
Obras complexas, em condições adversas, com execução em ritmo acelerado, em áreas restritas	0,44%		1,02%		0,78%	
TRIBUTOS	4,65%		6,15%		5,40%	
ISS*	1,00%		até 3,00%		1,75%	
PIS	0,65%		0,65%		0,65%	
Cofins	3,00%		3,00%		3,00%	
BDI						
Até R$ 150.000,00	22,20%		30,50%		25,80%	

CAPÍTULO 2
COMPOSIÇÃO DE UMA PROPOSTA COMERCIAL:PREÇO = CUSTO DIRETO X BDI | 115

(conclusão)

BDI PARA OBRAS HÍDRICAS – REDES ADUTORAS E ESTAÇÕES ELEVATÓRIA E DE TRATAMENTO					
DESCRIÇÃO	**MÍNIMO**		**MÁXIMO**		**MÉDIA**
ADMINISTRAÇÃO CENTRAL – LUCRO	A. CENTRAL	LUCRO	A. CENTRAL	LUCRO	A. CENTRAL	LUCRO
De R$ 150.000,01 até R$ 1.500.000,00	21,10%		29,30%		24,60%
De R$ 1.500.000,001 até R$ 75.000.000,00	19,90%		28,10%		23,50%
De R$ 75.000.000,01 até R$ 150.000.000,00	18,80%		26,90%		22,30%
Acima de R$ 150.000.000,00	17,70%		25,80%		21,20%

OBS.: (*) % de ISS considerando 2%, 3,5% e 5% sobre 50% do Preço de Venda – Observar legislação do município.

(continua)

BDI PARA OBRAS PORTUÁRIAS – ESTRUTURAS PORTUÁRIAS					
DESCRIÇÃO	**MÍNIMO**		**MÁXIMO**		**MÉDIA**	
ADMINISTRAÇÃO CENTRAL – LUCRO	A. CENTRAL	LUCRO	A. CENTRAL	LUCRO	A. CENTRAL	LUCRO
Até R$ 150.000,00	5,50%	9,50%	7,50%	11,50%	6,50%	10,50%
De R$ 150.000,01 até R$ 1.500.000,00	5,00%	9,00%	7,00%	11,00%	6,00%	10,00%
De R$ 1.500.000,001 até R$ 75.000.000,00	4,50%	8,50%	6,50%	10,50%	5,50%	9,50%
De R$ 75.000.000,01 até R$ 150.000.000,00	4,00%	8,00%	6,00%	10,00%	5,00%	9,00%
Acima de R$ 150.000.000,00	3,50%	7,50%	5,50%	9,50%	4,50%	8,50%
DESPESAS FINANCEIRAS	0,50%		1,50%		1,00%	
SEGUROS, GARANTIAS E RISCOS	0,32%		2,11%		1,16%	
Seguros	0,00%		0,67%		0,30%	
Garantias	0,00%		0,42%		0,21%	

(conclusão)

BDI PARA OBRAS PORTUÁRIAS – ESTRUTURAS PORTUÁRIAS					
DESCRIÇÃO	**MÍNIMO**		**MÁXIMO**		**MÉDIA**	
ADMINISTRAÇÃO CENTRAL – LUCRO	A. CENTRAL	LUCRO	A. CENTRAL	LUCRO	A. CENTRAL	LUCRO
Riscos						
Obras simples, em condições favoráveis, com execução em ritmo adequado	0,32%		0,74%		0,57%	
Obras medianas em área e/ou prazo, em condições normais de execução	0,37%		0,85%		0,65%	
Obras complexas, em condições adversas, com execução em ritmo acelerado, em áreas restritas	0,44%		1,02%		0,78%	
TRIBUTOS	4,65%		6,15%		5,40%	
ISS*	1,00%		até 2,50%		1,75%	
PIS	0,65%		0,65%		0,65%	
Cofins	3,00%		3,00%		3,00%	
BDI						
Até R$ 150.000,00	24,10%		30,20%		27,00%	
De R$ 150.000,01 até R$ 1.500.000,00	22,90%		29,00%		25,90%	
De R$ 1.500.000,001 até R$ 75.000.000,00	21,80%		27,80%		24,70%	
De R$ 75.000.000,01 até R$ 150.000.000,00	20,70%		26,60%		23,50%	
Acima de R$ 150.000.000,00	19,50%		25,50%		22,40	

OBS.: (*) % de ISS considerando 2%, 3,5% e 5% sobre 50% do Preço de Venda – Observar legislação do município.

(continua)

BDI PARA OBRAS AEROPORTUÁRIAS – PÁTIOS E PISTAS DE POUSO						
DESCRIÇÃO	**MÍNIMO**		**MÁXIMO**		**MÉDIA**	
ADMINISTRAÇÃO CENTRAL – LUCRO	A. CENTRAL	LUCRO	A. CENTRAL	LUCRO	A. CENTRAL	LUCRO
Até R$ 150.000,00	4,40%	8,50%	6,40%	10,50%	5,40%	9,35%
De R$ 150.000,01 até R$ 1.500.000,00	3,90%	8,00%	5,90%	10,00%	4,90%	8,85%
De R$ 1.500.000,001 até R$ 75.000.000,00	3,40%	7,50%	5,40%	9,50%	4,40%	8,35%
De R$ 75.000.000,01 até R$ 150.000.000,00	2,90%	7,00%	4,90%	9,00%	3,90%	7,85%
Acima de R$ 150.000.000,00	2,40%	6,50%	4,40%	8,50%	3,40%	7,35%
DESPESAS FINANCEIRAS	0,50%		1,50%		1,00%	
SEGUROS, GARANTIAS E RISCOS	0,32%		2,25%		1,22%	
Seguros	0,00%		0,81%		0,36%	
Garantias	0,00%		0,42%		0,21%	
Riscos						
Obras simples, em condições favoráveis, com execução em ritmo adequado	0,32%		0,74%		0,57%	
Obras medianas em área e/ou prazo, em condições normais de execução	0,37%		0,85%		0,65%	
Obras complexas, em condições adversas, com execução em ritmo acelerado, em áreas restritas	0,44%		1,02%		0,78%	
TRIBUTOS	4,65%		6,15%		5,40%	
ISS*	1,00%		até 2,50%		1,75%	
PIS	0,65%		0,65%		0,65%	
Cofins	3,00%		3,00%		3,00%	

(conclusão)

BDI PARA OBRAS AEROPORTUÁRIAS – PÁTIOS E PISTAS DE POUSO					
DESCRIÇÃO	MÍNIMO		MÁXIMO		MÉDIA	
ADMINISTRAÇÃO CENTRAL – LUCRO	A. CENTRAL	LUCRO	A. CENTRAL	LUCRO	A. CENTRAL	LUCRO
BDI						
Até R$ 150.000,00	21,50%		27,70%		24,50%	
De R$ 150.000,01 até R$ 1.500.000,00	20,40%		26,50%		23,30%	
De R$ 1.500.000,001 até R$ 75.000.000,00	19,20%		25,30%		22,20%	
De R$ 75.000.000,01 até R$ 150.000.000,00	18,10%		24,20%		21,00%	
Acima de R$ 150.000.000,00	17,00%		23,00%		19,90%	

OBS.: (*) % de ISS considerando 2%, 3,5% e 5% sobre 50% do Preço de Venda – Observar legislação do município.

(continua)

BDI PARA OBRAS AEROPORTUÁRIAS – TERMINAL DE PASSAGEIROS						
DESCRIÇÃO	MÍNIMO		MÁXIMO		MÉDIA	
ADMINISTRAÇÃO CENTRAL – LUCRO	A. CENTRAL	LUCRO	A. CENTRAL	LUCRO	A. CENTRAL	LUCRO
Até R$ 150.000,00	5,50%	8,00%	8,00%	10,00%	6,50%	9,00%
De R$ 150.000,01 até R$ 1.500.000,00	5,00%	7,50%	7,50%	9,50%	6,00%	8,50%
De R$ 1.500.000,001 até R$ 75.000.000,00	4,50%	7,00%	7,00%	9,00%	5,50%	8,00%
De R$ 75.000.000,01 até R$ 150.000.000,00	4,00%	6,50%	6,50%	8,50%	5,00%	7,50%
Acima de R$ 150.000.000,00	3,50%	6,00%	6,00%	8,00%	4,50%	7,00%
DESPESAS FINANCEIRAS	0,50%		1,50%		1,00%	
SEGUROS, GARANTIAS E RISCOS	0,35%		2,40%		1,32%	
Seguros	0,00%		0,81%		0,36%	
Garantias	0,00%		0,42%		0,21%	
Riscos						

CAPÍTULO 2
COMPOSIÇÃO DE UMA PROPOSTA COMERCIAL:PREÇO = CUSTO DIRETO X BDI | 119

(conclusão)

BDI PARA OBRAS AEROPORTUÁRIAS – TERMINAL DE PASSAGEIROS					
DESCRIÇÃO	**MÍNIMO**		**MÁXIMO**		**MÉDIA**
ADMINISTRAÇÃO CENTRAL – LUCRO	A. CENTRAL	LUCRO	A. CENTRAL	LUCRO	A. CENTRAL	LUCRO
Obras simples, em condições favoráveis, com execução em ritmo adequado	0,35%		0,85%		0,65%	
Obras medianas em área e/ou prazo, em condições normais de execução	0,40%		0,98%		0,75%	
Obras complexas, em condições adversas, com execução em ritmo acelerado, em áreas restritas	0,48%		1,17%		0,90%	
TRIBUTOS	4,65%		6,15%		5,40%	
ISS*	1,00%		até 2,50%		1,75%	
PIS	0,65%		0,65%		0,65%	
Cofins	3,00%		3,00%		3,00%	
BDI					
Até R$ 150.000,00	22,60%		29,20%		25,50%	
De R$ 150.000,01 até R$ 1.500.000,00	21,40%		28,00%		24,30%	
De R$ 1.500.000,001 até R$ 75.000.000,00	20,30%		26,80%		23,20%	
De R$ 75.000.000,01 até R$ 150.000.000,00	19,20%		25,70%		22,00%	
Acima de R$ 150.000.000,00	18,00%		24,50%		20,90%	

OBS.: (*) % de ISS considerando 2%, 3,5% e 5% sobre 50% do Preço de Venda – Observar legislação do município.

BDI PARA FORNECIMENTO DE MATERIAIS E EQUIPAMENTOS			
DESCRIÇÃO	MÍNIMO	MÍNIMO	MÉDIA
Administração Central	1,30%	8,00%	5,20%
Despesas Financeiras	0,50%%	1,50%	1,00%
Seguros, Garantias e Riscos	0,25%%	1,53%	0,88%
Seguros	0,00%	0,54%	0,24%
Garantias	0,00%	0,42%	0,21%
Riscos	0,25%	0,57%	0,43%
Tributos	3,65%	3,65%	3,65%
ISS	0,00%	0,00%	0,00%
PIS	0,65%	0,65%	0,65%
Cofins	3,00%	3,00%	3,00%
Lucro	1,75%	6,50%	4,10%
TOTAL	10,50%	19,60%	15,60%

Ratificando tal conteúdo, o Acórdão nº 2.369/2011, do Plenário do Tribunal, em 2011 também assim estabeleceu que, *in verbis*:

> 17.1. no tocante aos assuntos tratados nas alíneas a/e: até que este Tribunal delibere acerca das conclusões do grupo de trabalho formado em atendimento ao item 9.1 do Acórdão 2369/2011-TCU-Plenário, os parâmetros a serem utilizados pelo Ministério das Cidades para análise da adequabilidade das taxas de BDI pactuadas em obras custeadas com recursos federais devem ser, além dos referenciais contidos no item 9.2 do Acórdão 325/2007-TCU-Plenário, estritamente para obras de linhas de transmissão de energia elétrica e de subestações, as tabelas indicadas no subitem 9.3.2 do Acórdão 2369/2011-TCU-Plenário específicas para cada tipo de empreendimento;

2.8 O BDI e o lucro zero

Conforme restou demonstrado, o BDI – Benefício (ou Bonificação) e Despesas Indiretas é um componente da planilha de composição de custos unitários, anexo do edital, bem como da planilha de preços de proponente interessado em contratar com a Administração Pública, exigido em suas licitações quando o objeto a ser contratado versar sobre obras e serviços.

Esse componente, que se apresenta por meio de percentual, ao ser aplicado sobre o custo da execução do empreendimento, acaba por resultar no preço proposto pelo licitante para a execução do objeto que está passando pelo crivo da licitação.

Restou colacionado também que o percentual do BDI, em tese, não é fixo e a sua composição não é taxativa, variando de objeto para objeto e entre as empresas licitantes, levando-se em consideração elementos extrínsecos à execução do objeto pretendido, como a situação econômica e mercadológica da economia, a localização e o acesso à execução do objeto, a infraestrutura instalada, a alíquota do ISS adotada pelo Município onde será executado o objeto, bem como características intrínsecas do objeto, como, por exemplo, o tipo da obra, a qualidade dos projetos e orçamentos, o prazo de execução do objeto, a forma de pagamento, o período de medição, entre outros, além do lucro pretendido pelo proponente para aquele empreendimento.

Neste sentido, merecem destaques as manifestações do Tribunal de Contas da União acerca do assunto:

> Há componentes de custos diretos e de BDI que podem ter variação a maior ou a menor de acordo com peculiaridades do contrato, capacidades e experiências da contratada, exigências específicas da contratante, e ainda, e principalmente, com critérios e metodologias de cálculo.
>
> O cotejo de cada encargo, de cada insumo, de cada percentual, de cada peculiaridade, de cada consideração, poderia suscitar, muito provavelmente, suscitaria inúmeros questionamentos, discussões e dúvidas, em decorrência das distintas e várias possibilidades de composição da planilha de preços quanto à parcela de insumos, encargos, despesas indiretas e bônus.
>
> Além disso, os percentuais de BDI, a priori, podem variar razoavelmente, sem que isso represente necessariamente sobrepreço ou subpreço, desde que o contrato que contenha o BDI fora do normalmente aceitável decorra de certame público que tenha obedecido aos ditames da lei de licitações e do edital, e o preço final ajustado esteja seguramente compatível com o de mercado (Acórdão nº 645/09 – Plenário).

Denota-se, portanto, ser possível que particulares fixem propostas mais competitivas em razão da possibilidade de reduzirem seu BDI.

Em hipótese alguma, todavia, o BDI poderá ser reduzido ao ponto de não pagar os impostos incidentes sobre a atividade econômica (ISS, PIS, Cofins, CPRB, etc.), sob pena de caracterização de inexequibilidade da proposta comercial, devendo a oferta ser desclassificada com arrimo no art. 59, inc. III, da Nova Lei de Licitações.

Por sua vez, esclareça-se que um dos componentes que integram o BDI é o lucro, o qual, como já restou colacionado, pode ser fixado livremente pela licitante, sendo intervenção do Estado na lucratividade do licitante algo que viola o princípio da livre-iniciativa.

Diante de tal fato, observa-se que a lucratividade de um licitante, num determinado objeto, à luz da liberdade da sua fixação, pode inclusive se apresentar zerada, tornando, sim, a oferta comercial para um determinado muito mais competitiva.

Nesse sentido, o TCU já tratou especificamente desta possibilidade. Vejamos, *in verbis*:

> 1. Não há vedação legal à atuação, por parte de empresas contratadas pela Administração Pública Federal, sem margem de lucro ou com margem de lucro mínima, pois tal fato depende da estratégia comercial da empresa e não conduz, necessariamente, à inexecução da proposta (Acórdão 325/2007-TCU-Plenário). (TCU – Acórdão nº 3.092/2014, Plenário. Rel. Min. Bruno Dantas, data da Sessão: 12/11/2014).

Em eventual questionamento acerca de inexequibilidade em face da apresentação da proposta com "lucro zero" durante o julgamento da licitação, não poderá ocorrer a desclassificação sumária da empresa sem que seja franqueada a possibilidade de o particular comprovar a exequibilidade nesta circunstância.

Vejamos a opinião do TCU sobre tal questão:

> A desclassificação de proposta por inexequibilidade deve ser objetivamente demonstrada, a partir de critérios previamente publicados, e deve ser franqueada oportunidade de o licitante defender sua proposta e demonstrar sua capacidade de bem executar os serviços, nos termos e condições exigidos pelo instrumento convocatório, antes de ter sua proposta desclassificada (TCU – Acórdão nº 1.079/2017, Plenário. Rel. Min. Marcos Bemquerer, data da Sessão: 24/05/2017).

2.9 O BDI diferenciado para equipamentos e materiais

No tocante à não incidência do BDI sobre os materiais e equipamentos, não sendo possível a realização do parcelamento do objeto, cuja justificativa deverá constar do processo administrativo, observa-se ser necessário que o BDI seja "diferenciado" para alguns itens, para os insumos e equipamentos alocados no objeto contratado. Temos, assim, a necessidade de fixação de BDI reduzido. Primeiramente, a fixação de BDI reduzido não é a regra, mas, sim, a exceção. Sendo medida excepcional, em nosso sentir, entende-se que é dever da Administração justificar pormenorizadamente, uma vez que tal decisão pode reduzir a angulação de licitantes, prejudicando a competitividade do certame.

A razão para a fixação de BDI reduzido repousa no fato de inexistir justificativa para o contratado ser remunerado por meio do percentual regular apenas por realizar a intermediação da contratação daquilo que será aplicado ou utilizado no empreendimento.[154] Logo, este deve ser diferenciado e reduzido.

Esclareça-se que os auditores de contas, quando do desempenho das suas atribuições, são orientados a verificar se efetivamente tal determinação está sendo observada. Nesse sentido, recomenda o IBRAOP, em suas orientações técnicas.[155]

---

[154] "9.3.3. efetue estudo quanto ao percentual de BDI incidente sobre o fornecimento de material betuminoso, devendo esse estudo conter o detalhamento necessário ao pleno entendimento da taxa de BDI calculada, tomando-se por base, por exemplo, os custos indiretos de uma empresa fictícia cuja única atribuição seja a intermediação de material betuminoso entre fornecedores e usuários, em quantidades mensais compatíveis com as de fato observadas nas obras executadas pelo DNIT, diretamente ou por delegação. Esse estudo deverá ser remetido ao Tribunal no prazo de 90 (noventa) dias. 9.3.4. adote o BDI de 15% sobre a aquisição de material betuminoso, na orçamentação de suas obras, até que o estudo determinado no subitem anterior seja concluído e aprovado por este Tribunal" (Acórdão TCU nº 2.649/2007 – Plenário).

[155] 4. POSSÍVEIS ACHADOS DE AUDITORIA
(...)
f) Na contratação e alterações contratuais não está sendo adotado o BDI diferenciado para materiais: quando há fornecimento de materiais e equipamentos e serviços de engenharia nas contratações em que é comprovada a inviabilidade técnico-econômica de parcelamento do objeto da licitação, nos itens de fornecimento de materiais e equipamentos de natureza específica que possam ser fornecidos por empresas e com especialidades próprias e diversas e que representam percentual significativo do preço da obra deverá apresentar taxa de BDI reduzida, com base no que estabelece o art. 23, §1º, da Lei Federal nº 8.666/93. "IBRAOP – PROC-IBR-GER 015/2016.

Por exemplo, geradores de energia; equipamentos *no-break*; ar-condicionado; divisórias articuladas, elevadores, detêm natureza específica e, por serem fornecidos por empresas com especialidades próprias, deverá constar da planilha de composição de custo a incidência de taxa de BDI reduzida em relação à taxa aplicável aos demais itens.

Todavia, "zerar" o BDI de itens com esta natureza nos parece irregular, uma vez que o particular faz gestão sobre estes, não atuando como um mero intermediário, como pode ocorrer em obras públicas, haja vista a necessidade de transporte, fracionamento, diluição, instalação, controle, distribuição, aplicação, manutenção etc.

Sobre tal questão, o Tribunal de Contas da União, no Acórdão nº 325/07-P, assinalou que:

> (...) o gestor deve promover estudos técnicos demonstrando a viabilidade técnica e econômica de se realizar uma licitação independente para a aquisição de equipamentos/materiais que correspondam a um percentual expressivo das obras, com o objetivo de proceder ao parcelamento do objeto previsto no art. 23, §1º, da Lei nº 8.666/1993; *caso seja comprovada a sua inviabilidade, que aplique um LDI reduzido em relação ao percentual adotado para o empreendimento, pois não é adequada a utilização do mesmo LDI de obras civis para a compra daqueles bens* (destaques nossos).

A reiteração de decisões neste sentido resultou na edição da Súmula nº 253/10, do TCU com o seguinte conteúdo, *in verbis*:

> Comprovada a inviabilidade técnico-econômica de parcelamento do objeto da licitação, nos termos da legislação em vigor, os itens de fornecimento de materiais e equipamentos de natureza específica que possam ser fornecidos por empresas com especialidades próprias e diversas e que representem percentual significativo do preço global da obra *devem apresentar incidência de taxa de Bonificação e Despesas Indiretas –* ‹ *BDI reduzida em relação à taxa aplicável aos demais itens* (destaques nossos).

Saliente-se que o teor contido nesta súmula foi devidamente reproduzido no art. 9º, §1º, do Decreto Federal nº 7.983/13, que deverá ser observado por outras Administrações que utilizem recursos da União. Vejamos:

> Art. 9º ....
> §1º Comprovada a inviabilidade técnico-econômica de parcelamento do objeto da licitação, nos termos da legislação em vigor, os itens de

fornecimento de materiais e equipamentos de natureza específica que possam ser fornecidos por empresas com especialidades próprias e diversas e que representem percentual significativo do preço global da obra *devem apresentar incidência de taxa de BDI reduzida em relação à taxa aplicável aos demais itens* (destaque nosso).

Ressalte-se que o referido Decreto deve ser utilizado no âmbito da Nova Lei de Licitações, consoante fixa a Instrução Normativa nº 72/21 da SEGES.

Por derradeiro, o TCU, em sua cartilha sobre obras públicas, ressalta que:

> Nos Acórdãos plenários 1.785/2009 e 2.842/2011, o TCU entendeu que não se deve aplicar BDI diferenciado aos materiais ordinários de construção, que não podem ser considerados atividade acessória da execução da obra, pois nada é mais típico à atividade de construção civil do que o fornecimento e instalação desses materiais.
>
> A orientação do TCU de aplicar BDI reduzido se aplicaria no caso de fornecimento de materiais e equipamentos que escapassem à atuação precípua de empresa de construção civil, tais como o fornecimento de grupos geradores de energia, mobiliário, eletrodomésticos etc.[156]

2.10 O que pode ou não constar do BDI à luz dos entendimentos dos Tribunais de Contas

Os Tribunais de Contas, investidos em suas prerrogativas conferidas pela Lei, no desempenho das suas atividades, seja no controle preventivo, concomitante ou *a posteriori*, vêm constantemente apreciando a forma como o BDI vem sendo estruturado nas licitações públicas, julgando o seu conteúdo, passando a preconizar algumas orientações.

Grande é a discussão em torno da pergunta "- O que não deve constar do BDI?". As Cortes de Contas vêm respondendo a essa indagação, orientando o afastamento de alguns itens encontrados nas despesas indiretas, que, por serem mensuráveis e quantificáveis, devem compor a planilha de custos diretos, e não a referida taxa.

---

[156] Cf. ob. cit., p. 87.

126 | ANIELLO PARZIALE
ASPECTOS JURÍDICOS DO BDI PARA OBRAS E SERVIÇOS

Durante a nossa pesquisa, foi possível identificar que as despesas que serão listadas a seguir não devem ser fixadas no BDI, passando a ser individualizadas e quantificadas, o que permite que sejam fixadas nas planilhas de custos unitários, ou seja, nas despesas diretas.

2.10.1 Equipamentos de Proteção Individual – EPIs, ferramentas e serviços

Como já foi ressaltado, todas as despesas possíveis de ser individualizadas e quantificadas para a viabilização do empreendimento pretendido pela Administração Pública devem, necessariamente, constar das planilhas de custos diretos de execução do objeto.

Assim, os equipamentos de proteção individual, os quais devem ser utilizados obrigatoriamente pelos colaboradores alocados para execução do empreendimento, bem como ferramentas utilizadas por esse pessoal, são possíveis de serem fixados nos custos diretos, levando-se em conta as características do objeto.

Nesse sentido manifestou-se o TCU, no Acórdão nº 538/2008 – Plenário, quando analisou a presença de serviços impertinentes na composição do BDI:

> 12. Nesta análise, deve-se remeter à conceituação de Benefícios e Despesas Indiretas – BDI, que é a taxa correspondente às despesas indiretas e ao lucro que, aplicada ao custo direto de um empreendimento (materiais, mão-de-obra, equipamentos), eleva-o a seu valor final, que constitui o preço.
>
> Ou seja, apenas o lucro e as despesas indiretas que incidem sobre todos os serviços da obra devem compor o BDI. As despesas classificadas como custos diretos de produção, que compreendem serviços quantificáveis, devem compor a planilha de custos, e não a taxa de BDI.[157]

Também o referido Tribunal entendeu ser indevido inserir no BDI os gastos com segurança do trabalho[158] e com transporte da

---

[157] TCU, Acórdão nº 538/2008 – Plenário.
[158] TCU, item 9.2.1.1 do Acórdão nº 2.469/2007 – Plenário.

diretoria, uma vez que tais gastos devem estar previstos no rateio da administração central.[159]

2.10.2 Administração local, instalação de canteiro, acampamento, mobilização e desmobilização

A mobilização e desmobilização da infraestrutura técnico-operacional e a instalação do canteiro de obras são providências a serem tomadas pelo contratado com o fito de criar as condições técnicas necessárias para o início da execução do objeto pretendido pela Administração contratante.

Tal ação deve ser realizada toda vez que ocorrer a expedição da ordem de serviço ou a suspensão da execução do objeto, ocasião em que ocorrerá a mobilização, bem como quando a Administração determinar a suspensão da execução do empreendimento, momento em que o canteiro de obra é desmobilizado.

Assim, o deslocamento de equipamentos e máquinas para o local de execução, a colocação de tapumes ou o cercamento da área, a montagem de andaimes, a construção do almoxarifado, refeitório e alojamento, têm a finalidade de viabilizar a execução do objeto.

Esclareça-se que os custos de mobilização e desmobilização podem ser devidos várias vezes, haja vista a possibilidade do canteiro de obras ou local de prestação de serviços serem montados ou desmontados tantas oportunidades que interesse público demandar. Tanto é que o art. 40 da Lei nº 8.666/93 fixa que "XIII – limites para pagamento de instalação e mobilização para execução de obras ou serviços que serão obrigatoriamente previstos em separado das demais parcelas, etapas ou tarefas;".

Ou seja, toda vez que ocorrer a mobilização e desmobilização, devem os custos ser pagos para o particular, não estando limitados ao pagamento em apenas uma oportunidade, esgotando os quantitativos das planilhas. Assim, se o canteiro foi mobilizado e desmobilizado dez vezes, deverá a Administração custear tal despesa dez vezes também, sob pena de enriquecimento indevido.

---

[159] TCU, item 9.1.2 do Acórdão nº 1.858/2009 – Plenário.

Ante tal fato e tendo em vista a possibilidade de tais atividades serem devidamente discriminadas e quantificadas, o Tribunal de Contas da União vem manifestando-se no sentido de afastar a presença do item Administração local, instalação de canteiros, mobilização e desmobilização da composição do BDI, por entender que tais custos incidem diretamente na execução do objeto, podendo ser consignados nos custos diretos.

Neste sentido, vejamos:

> (...) para maior transparência do certame, faça constar os itens Administração local, instalação de canteiro e acampamento, e mobilização e desmobilização na planilha orçamentária e não no BDI.[160] Como exemplo, a Administração local, a mobilização/desmobilização e a instalação do canteiro, são itens que, embora não representem serviços unitários, são custos diretos e devem ser apropriados como tais no orçamento da obra, pois decorrem diretamente da sua execução.[161]

Nesse sentido, a professora Maria Alice Pius entende que:

> Devem também ser excluídos da parcela denominada 'custos indiretos', os serviços que podem ser claramente identificados e quantificados, como: canteiro de obras, ferramentas e pequenos equipamentos; controles tecnológicos; serviços de topografia, sondagem, locação; demolição e remoção de entulho; remoção de vegetação; ligações provisórias de água, energia elétrica e outros serviços; serviços de controle na execução da fundação; jardinagem; construção de vias de acesso.[162]

Maçahico Tisaka[163] também se manifesta desta forma, entendendo que tais despesas estudadas são custos diretos, não devendo ser computadas na taxa estudada.

Assim também entende o professor Rolf Dieter Oskar Friedrich Braunert:

> É importante ressaltar que sempre deverá estar incluído na planilha de serviços ou planilha de preço, e nunca no BDI a:

---

[160] TCU, Acórdão nº 608/2008 – Plenário.
[161] TCU, Acórdão nº 325/2007 – Plenário.
[162] Cf. ob. cit., p. 7.
[163] Cf. ob. cit., p. 47.

CAPÍTULO 2
COMPOSIÇÃO DE UMA PROPOSTA COMERCIAL:PREÇO = CUSTO DIRETO X BDI | 129

a) mobilização e desmobilização de equipamento que é a quantidade de equipamentos *versus* custo de transporte;
b) mobilização e desmobilização de pessoal que é a quantidade de funcionários *versus* custo de deslocamento.[164]

Anote-se, ainda, que Mozart Bezerra da Silva classifica as despesas com a administração como despesa indireta.[165]

O TCE/SP também já salientou que custos com aluguel de garagem (base local), por serem precisamente mensuráveis, devem ser alocados como custos diretos, não devendo integrar o BDI (TCE/SP – 21377.989.21-5).

2.10.3 A proibição da inclusão das parcelas relativas ao IRPJ e à CSLL na composição do BDI

O Tribunal de Contas da União, no bojo do Acórdão nº 950/07, realizou um estudo sobre a inclusão nos orçamentos produzidos pela Administração Pública, para fins de estimativa dos valores dos futuros contratos dos custos que integrariam o valor final, especialmente o Imposto de Renda Pessoa Jurídica – IRPJ e a Contribuição Social Sobre o Lucro Líquido – CSLL.

Essa auditoria teria concluído pela inviabilidade de se incluir nos orçamentos (planilhas elaboradas pela Administração) valores correspondentes ao IRPJ e à CSLL, à vista da conclusão de sua impropriedade, considerando-se as divergências verificadas nos regimes jurídicos tributários das empresas participantes, especificamente em relação às que se submetem à tributação pelo lucro real e às que se submetem à tributação pelo lucro presumido.

Assim, entende-se ser indevido constar do BDI o percentual referente à parcela do IRPJ e da CSLL incidentes na execução do objeto contratado, com arrimo no argumento de que, diante da natureza desses tributos diretos, considerados personalísticos e

---

[164] BRAUNERT, Rolf Dieter Oskar Friedrich. *Como licitar obras e serviços de engenharia*: Leis nº 5.194/66 e nº 6.496/77: resoluções e normatizações do CONFEA: súmulas, decisões e acórdãos do TCU. 2. ed. rev. atual. e ampl. Belo Horizonte: Fórum, 2010. p. 140.

[165] Cf. ob. cit., p. 45.

diretos,[166] devem ser suportados pelo particular, sendo, dessa forma, irregular o seu repasse à Administração Pública.

Além do mais, estaria a Administração ressarcindo a parcela de um tributo que somente é devido após a apuração do seu fato gerador, ou seja, o lucro, e não o faturamento da empresa. Esse, diante do desempenho empresarial, poderá ser percebido ou não pelo particular.

Destaca o TCU que "não é plausível que a Administração Pública arque com uma despesa que pode nem vir a se realizar, uma vez que, se a contratada não tiver lucro com os seus vários outros empreendimentos, por conseguinte não há que falar em imposto de renda ou contribuição social".[167]

Em resumo, a par dessas observações, a equipe técnica do TCU teria ainda apontado também a impertinência de que os valores correspondentes ao IRPJ e à CSLL fossem considerados para fins de composição dos valores das propostas, quer nas planilhas da Administração, quer nas apresentadas pelos licitantes, como justificativas de suas propostas, em face do fato de que esses impostos não são tidos como tributos indiretos e que, portanto, não seriam repassados ao preço final, a exemplo do que sucede com o ICMS, IPI, Cofins, PIS, segundo, inclusive, orientação da Secretaria da Receita Federal.

Em decorrência de todo o estudo efetivado, restou demonstrada a impossibilidade de que os valores do IRPJ e CSLL integrem o denominado BDI – Benefícios e Despesas Indiretas.

Tanto é que restou editada a Súmula nº 254 do Tribunal de Contas da União, cujo teor salienta que:

> O IRPJ – Imposto de Renda Pessoa Jurídica – e a CSLL – Contribuição Social sobre o Lucro Líquido – não se consubstanciam em despesa indireta passível de inclusão na taxa de Bonificações e Despesas Indiretas 'BDI' do orçamento-base da licitação, haja vista a natureza direta e personalística desses tributos, que oneram pessoalmente o contratado.

---

[166] "64. Por todo o exposto, entendemos que o IRPJ e a CSLL, por serem tributos diretos não permitem a transferência do seu encargo financeiro para outra pessoa, ou seja, a pessoa legalmente obrigada ao seu pagamento suportará efetivamente o ônus. Dessa forma, considera-se inadequada a inclusão do IRPJ e da CSLL na composição do BDI" (TCU, Acórdão nº 950/2007 – Plenário).

[167] TCU, Acórdão nº 1.591/2008 – Plenário.

Sendo assim observado, portanto, deve a proposta comercial ser devidamente desclassificada, com arrimo no art. 59, inc. I, da Nova Lei de Licitações, em razão de apresentar um vício insanável.

2.10.4 O ISSQN deve recair somente sobre a mão de obra e não sobre todo o objeto, incluindo equipamentos ou serviços

O Imposto Sobre Serviço de Qualquer Natureza – ISSQN, cuja competência arrecadatória pertence aos Municípios e ao Distrito Federal, detém a sua disciplina preconizada pela Lei Complementar nº 116/03, norma nacional de observância obrigatória por todos os Municípios, devendo estes observar sua diretriz como base para a sua norma local.

A referida norma, no seu art. 7º, §2º, inc. I, determina que a base de cálculo do imposto é o preço do serviço, o que nos permite afirmar que, na ocasião da apuração do montante, deve ser excluído o valor despendido com equipamentos e materiais. Nesse sentido, assevera o Tribunal de Contas da União:

> 18. Mas já tive ocasião de relatar alguns julgados desta Corte no sentido da modificação do BDI incidente sobre grandes fornecimentos.
> Nessa linha, há os Acórdãos nºs 155, 406 e 2.114, de 2006, e 2.186, de 2007, todos do Plenário, nos quais prevaleceu a tese da retirada do ISS do BDI aplicável aos equipamentos previstos em contratos de implantação de perímetros irrigados, de responsabilidade do Departamento Nacional de Obras contra as Secas – DNOCS.[168]

Anote-se, ainda, que deve a Administração contratante verificar efetivamente a alíquota do ISS da localidade onde o objeto está sendo executado, abstendo-se de fixar na planilha do BDI a alíquota máxima do ISS quando o Município onde será executado o objeto praticar um percentual inferior. Nesse sentido, o TCU determinou que se:

> 9.2.2. preveja, nas futuras licitações, os percentuais de recolhimento a título de ISS a serem aplicados na composição de BDI dos licitantes,

---

[168] TCU, Acórdão nº 720/2008 – Plenário.

com base nas alíquotas adotadas pelos Municípios situados nas áreas de influência das obras.[169]

9.1.2. apure os valores pagos indevidamente ao consórcio Ecoplan/Planave pelo superfaturamento relativo aos itens de pessoal e pela inclusão, na taxa de Bonificações e Despesas Indiretas – BDI, de 5% a título de Imposto Sobre Serviços de Qualquer Natureza – ISSQN, enquanto que a lei municipal exige 4%.[170]

2.10.5 A administração local não pode constar do BDI

Esclareça-se que num contrato de execução de obra pública ou serviço, em regra, os pagamentos devidos ao contratado seguirão o cronograma de execução do objeto e as respectivas medições pela Administração, nos termos expressamente previstos no ajuste celebrado, devendo os valores devidos não compor o BDI, uma vez ser possível que os valores a serem despendidos constem das planilhas de custos diretos.

Logo, por serem quantificáveis, as despesas devidas a título de "administração local" não devem ser previstas no BDI. A título de ilustração, é oportuno colacionar entendimento do eg. Tribunal de Contas da União acerca do tema:

46. Ademais, admitindo-se a adoção, no orçamento das obras públicas, de valor mensal fixo a título de administração local, dissociado de cumprimento do cronograma físico-financeiro, há sério risco de ocorrência de pagamento antecipado que constitui irregularidade rechaçada por esta Corte de Contas, caso esse valor mensal fixo seja superior ao efetivamente gasto pela empresa contratada com administração local no período em questão.

47. Comprovada a adequabilidade de se atrelar o pagamento dos itens da administração local ao cumprimento do cronograma físico-financeiro, tenho ainda algumas considerações a fazer, quanto à diferença da forma com que esse pagamento será efetuado, conforme o regime de execução, por empreitada por preço global ou por custo unitário.

---

[169] TCU, Acórdão nº 32/2008 – Plenário.
[170] TCU, Acórdão nº 327/2009 – Plenário.

48. Na empreitada por preço global, o pagamento deve ser efetuado após a conclusão dos serviços ou etapas definidos em cronograma físico-financeiro. Tem-se, portanto, que há gastos com administração local associados à implementação das fundações, da estrutura, da concretagem da laje, da finalização da cobertura, do revestimento, da pintura, dentre outras etapas.

49. Na empreitada por preço unitário, por outro lado, o pagamento da administração local deve estar atrelado às despesas incorridas para que as unidades dos quantitativos previstos fossem efetivamente executadas (metros cúbicos escavados para as fundações, metros quadrados de paredes levantadas ou de pisos assentados etc.) (cf. TC-036.076/2011-2, Acórdão nº 2.440/14 – Plenário).

9.3.2. oriente os órgãos e entidades da Administração Pública Federal a: (...)

9.3.2. estabelecer, nos editais de licitação, critério objetivo de medição para a administração local, estipulando pagamentos proporcionais à execução financeira da obra, abstendo-se de utilizar critério de pagamento para esse item como um valor mensal fixo, evitando-se, assim, desembolsos indevidos de administração local em virtude de atrasos ou de prorrogações injustificadas do prazo de execução contratual, com fundamento no art. 37, inciso XXI, da Constituição Federal e nos arts. 55, inciso III, e 92, da Lei n. 8.666/1993 (cf. TC-036.076/2011-2, Acórdão nº 2.622/13 – Plenário).

Assim, de acordo com o entendimento do TCU, o ideal é que "(...) os critérios de medição dos custos da administração local estejam atrelados ao andamento da obra e os seus itens medidos de forma proporcional à execução financeira, de forma a resguardar o ritmo programado da obra que não será beneficiada com aditivos de prorrogação de prazo em decorrência de atrasos injustificáveis e a garantir que a obra chegue ao fim juntamente com a medição e o pagamento de 100% da parcela de administração local, conforme entendimento contido no relatório que antecede o Acórdão 2.369/2011-TCU-Plenário" (extraído do relatório do Acórdão nº 2.622/13, TCU).

Não é outro o entendimento de Maçahico Tisaka, vejamos:

(...) com previsão de gastos com o *pessoal técnico* (encarregado, mestre, engenheiro, etc.), *administrativo* (encarregado do escritório, de higiene e segurança, apontador, escriturário, motorista, vigia, porteiro, etc.) e de *apoio* (almoxarife, mecânico de manutenção, enfermeiro, etc.) (cf. *Orçamento na Construção Civil*, 4ª tir., São Paulo: Editora Pini, 2008, p. 38) (grifo nosso), em regra, fará parte da composição de custos da empresa contratada e também deverá ser pago proporcionalmente ao andamento ou execução da obra.

Em tempo, sobre os problemas reais que podem ser observados no caso concreto caso as despesas com a Administração local constem do BDI, o TCU já consignou que, *in verbis*:

> 22. Outro problema recorrente é observado nos contratos cuja administração local encontra-se incluída no BDI. Nesses casos, quaisquer atrasos na execução contratual decorrentes de culpa da Administração, em tese, ensejam pedidos de reequilíbrio por parte das contratadas. Novamente, a falta de detalhamento do BDI, em especial da rubrica 'administração local', quando tal item foi indevidamente nele incluído, é fonte de controvérsias entre as partes na discussão do valor justo do contrato. Ressalta-se também que a inclusão da rubrica 'administração local' no BDI pode ensejar o desequilíbrio do contrato em desfavor de uma das partes nos casos de aditivos alterando a qualidade (e o preço) dos serviços contratuais. Trocar um serviço contratual por outro nem sempre resulta em alteração das despesas que compõem a rubrica 'administração local'. Assim, um aditivo alterando um serviço contratual por outro, de preço mais elevado, via de regra onera indevidamente a Administração Pública. Ao contrário, substituir um serviço contratual por outro equivalente mais barato pode apenar indevidamente a empresa contratada.[171]

2.11 A demonstração e detalhamento do BDI na proposta comercial

Tendo em vista a ausência de uma fórmula sobre a fixação da composição do BDI, os Tribunais de Contas vêm exigindo que a Administração licitante, nos documentos que compõem o projeto básico e executivo ou termo de referência, explicite[172] o BDI fixado para o objeto que passará pelo crivo da licitação, exigindo o detalhamento desse arranjo junto à planilha orçamentária, permitindo, ainda, o controle do referido percentual em caso de alterações durante a vigência do contrato.[173]

---

[171] TCU – Acórdão nº 2.545/2011-Plenário – TC-030.336/2010-4.

[172] "9.1. determinar à Fundação Nacional de Artes (Funarte/MinC) que: 9.1.8.4. explicite no edital a composição do BDI que está sendo utilizado na formação dos preços, em respeito ao disposto no art. 7º, §2º, inciso II, da Lei 8.666/93, exigindo o mesmo procedimento dos participantes no certame" (TCU – Acórdão nº 1.726/2008- Plenário – Relatoria: Ministro Augusto Sherman Cavalcanti).

[173] "A Equipe de Auditoria deverá verificar:
- No processo licitatório o órgão solicitou aos proponentes que apresentassem o

Assim deve ocorrer, uma vez que a composição do BDI insere-se naquelas informações mínimas que devem constar do edital, pois a ausência prejudica que tanto os licitantes quanto os órgãos de controle verifiquem se os valores considerados como estimados pela Administração estão em conformidade com os do mercado correlato.[174]

Ademais, a ausência do BDI nas planilhas impede a visão realista do que efetivamente será gasto futuramente, fato que prejudica o planejamento orçamentário do Poder Público.[175]

Para o professor Rolf Dieter Oskar Friedrich Braunert, é conveniente que a Administração venha a conhecer a composição da empresa a ser contratada, para facilitar sua análise e visando futuras soluções que se fizerem necessárias durante a execução do objeto contratado.[176]

Sobre a necessidade de demonstração analítica dos custos, tanto pela Administração licitante quanto pelos proponentes, reforça o TCU que:

> Tal necessidade surge não só para realização de crítica dos componentes considerados pelos licitantes, mas também para a formação de uma memória de valores que permita à administração pública, considerando as peculiaridades de cada obra e empresa, realizar orçamentos com precisão cada vez maior.
> (...)
> A segregação da composição do BDI possibilita também aferir a exequibilidade do orçamento e, eventualmente, servir como parâmetro para embasar os cálculos de possíveis aditivos contratuais no caso de criação, extinção e alterações de tributos durante a execução contratual,

---

detalhamento da composição do BDI, com objetivo de uma melhor avaliação para execução do mesmo, bem como de uma futura alteração contratual." – PROC-IBR-GER 015/2016 – IBRAOP.

[174] TCE/SP – TC nº 005590.989.23-2.

[175] "Ao elaborar o seu orçamento, a Administração também considerará obrigatoriamente o BDI, de forma a obter um custo que represente, de forma aproximada, porém realista, aquilo que efetivamente poderá vir a despender na obra ou no serviço de engenharia, permitindo, dessa forma, a concreta análise da disponibilidade orçamentária.". BRAUNERT, Rolf Dieter Oskar Friedrich. *Como licitar obras e serviços de engenharia*: Leis nº 5.194/66 e nº 6.496/77: resoluções e normatizações do CONFEA: súmulas, decisões e acórdãos do TCU. 2. ed. rev. atual. e ampl. Belo Horizonte: Fórum, 2010. p. 141.

[176] BRAUNERT, Rolf Dieter Oskar Friedrich. *Como licitar obras e serviços de engenharia*: Leis nº 5.194/66 e nº 6.496/77: resoluções e normatizações do CONFEA: súmulas, decisões e acórdãos do TCU. 2. ed. rev. atual. e ampl. Belo Horizonte: Fórum, 2010. p. 141.

de comprovada repercussão nos preços contratados, nos termos do art. 65, §5º, da Lei 8666/93.[177]

21. O não detalhamento da composição do BDI também pode levar a execução contratual a uma série de impasses, a exemplo da majoração ou diminuição de alíquotas tributárias. Nos termos do §5º, art. 65, da Lei de Licitações e Contratos, tais ocorrências ensejam o reequilíbrio econômico-financeiro dos contratos. Porém, o efetivo impacto das alterações tributárias no ajuste só pode ser estabelecido com base no detalhamento da composição do BDI apresentado pelo licitante vencedor.[178]

É tão significativa tal questão, haja vista efetivamente controlar a economicidade da contratação pública, que o eg. Tribunal de Contas da União editou a Súmula nº 258. Vejamos, *in verbis*:

As composições de custos unitários e o detalhamento de encargos sociais e do BDI integram o orçamento que compõe o projeto básico da obra ou serviço de engenharia, devem constar dos anexos do edital de licitação e das propostas das licitantes e não podem ser indicados mediante uso da expressão "verba" ou de unidades genéricas.

Esclareça-se que não é outro o entendimento do eg. Tribunal de Contas do Estado de São Paulo, que, recorrentemente, identifica a ausência de exigência neste sentido nos editais. Vejamos, *in verbis*:

Ante o exposto, voto no sentido do não provimento do recurso ordinário interposto pelo ex-prefeito do Município de Lavrinhas, mantendo o decreto de irregularidade da tomada de preços, do contrato e dos aditivos, relevando, todavia, a falha concernente à ausência de indicação da composição do BDI (Benefícios e Despesas Indiretas) da proposta, com recomendação para que, doravante, corrija o lapso em futuros certames (TC-23673.989.20-8).[179]

Nesse mesmo sentido, o Tribunal de Contas do Município de São Paulo esclarece:

Ressalte-se que, para que a taxa de BDI adotada num orçamento possa ser efetivamente analisada, é importante que os contratantes exijam (já

---

[177] Cf. ob. cit. p. 85.

[178] TCU – Acórdão nº 2.545/2011-Plenário – TC-030.336/2010-4.

[179] "Registra que não exige que licitantes informem o BDI adotado, pois elabora planilha com preço referencial para a contratação, com valor máximo admissível previamente definido, procedimento não rechaçado por esta Corte (TCs-022174/989/18, 016558/989/17 e 008068/989/17)" (TC-013314.989.20-3).

CAPÍTULO 2
COMPOSIÇÃO DE UMA PROPOSTA COMERCIAL:PREÇO = CUSTO DIRETO X BDI | 137

no edital da licitação) a apresentação de sua composição na proposta orçamentária.

Em consonância com essa necessidade de que as despesas indiretas dos orçamentos sejam tratadas de forma mais analítica, se faz necessário que sejam discriminados os itens que compõem o BDI, de forma a permitir, quando da análise do orçamento, uma aferição a contento dos percentuais utilizados como base da estipulação da taxa total.[180]

Além de prever no edital, ou em seus anexos, é dever do gestor público, sob pena de desclassificação da proposta comercial, exigir no ato convocatório que os licitantes detalhem a composição do LDI e dos respectivos percentuais praticados.

Colacionam-se diversas decisões que deixam bem claro que tal elemento é controlado pelas Cortes de Contas:

> Do mesmo modo, os serviços não foram detalhados em insumos, mão de obra, equipamentos, encargos e BDI, especificados e relacionados a preços unitários, contrariando, assim, o artigo 7º, §2º, inciso II7, da Lei nº 8.666/93 c.c. o artigo 3º, inciso III 8, da Lei nº 10.520/02.
>
> Neste sentido, tem se posicionado a jurisprudência desta Corte de Contas, a exemplo do decidido no âmbito dos processos TC-024542/026/099 e TC-000451/009/1410, consoante excertos que seguem:
> – TC-024542/026/09: (...)
>
> O Projeto Básico e o Termo de Referência elaborados pela Prefeitura "h planilhas que expressem a composição de todos os seus custos unitários", 7º, §2º, II, da Lei nº 8666/93. Dessa forma, não houve um levantamento consistente dos custos envolvidos na realização do objeto e, tampouco, a indicação de qualquer fonte oficial de preços referenciais. Como relatado pela Fiscalização o Projeto Básico e o Termo de Referência não trazem detalhamento sobre o fornecimento dos equipamentos/sistemas e não consideram os custos de instalação, manutenção e depreciação dos bens, dentre outros elementos. (Grifei). (TCE/SP – TC-015215.989.22-9 (ref. TC-014357.989.16-9 e TC-016128.989.16-7)).
>
> 3 – A ausência, como anexo do edital, de planilha orçamentária com a pormenorização dos custos unitários, incluindo a composição do BDI adotado, desobedece aos artigos 7º, §2º, inciso II, e 40, §2º, inciso II, da Lei Federal nº 8.666/93 (TCE/SP TC-018047.989.22-3, TC-018062.989.22-3, TC-018088.989.22-3 e TC-018110.989.22-5).
>
> 3. A administração local da obra deve constar como item de planilha de custo direto, não como parte do BDI, com discriminação pormenorizada na planilha orçamentária, por constituir item passível de identificação,

---

[180] Cf. ob. cit., p. 25.

mensuração e discriminação, bem como por estar sujeito a controle, medição e pagamento individualizado por parte da Administração. (TCE/SP – TC-022784.989.21-2).

9.6.1.2 faça constarem, do respectivo processo, as composições de todos os custos unitários dos serviços e o detalhamento do Bônus e Despesas Indiretas BDI e dos encargos sociais que estão sendo utilizados na formação dos preços, tanto da planilha de referência da licitação quanto da planilha de preço do contrato, exigindo da licitante vencedora, no respectivo edital, essa apresentação, em atendimento aos arts. 3º, 6º, inciso IX, e 7º, §2º, inciso II, da Lei 8.666/1993, com Súmula TCU 258/2010 (TCU – Acórdão 2.272/2011 – Plenário – Relatoria: Ministro Augusto Sherman Cavalcanti).

2.12 A ilegalidade da fixação de percentual máximo do BDI pela Administração

Como já tratamos antes, a composição e a fixação de percentuais para o BDI de um determinado objeto devem ser realizadas ante as particularidades do objeto e características do particular que deseja contratar com a Administração, o que não permitirá, dessa forma, o estabelecimento de um BDI padrão, como percentual máximo para todos os certames.

Com efeito, a fixação de percentual de BDI pela Administração é descabida, pois sua composição apresenta variações, sobretudo por incluir, também, a margem de lucro, atributo que compete a cada licitante estabelecer, até porque também é influenciada pelas práticas do mercado em determinada época e em determinada região.[181]

Neste sentido, merecem destaque as manifestações do Tribunal de Contas da União acerca do assunto:

> Há componentes de custos diretos e de BDI que podem ter variação a maior ou a menor de acordo com peculiaridades do contrato, capacidades e experiências da contratada, exigências específicas da contratante, e ainda, e principalmente, com critérios e metodologias de cálculo.
>
> O cotejo de cada encargo, de cada insumo, de cada percentual, de cada peculiaridade, de cada consideração, poderia suscitar, muito provavelmente, suscitaria inúmeros questionamentos, discussões

---

[181] TCE/SP – TC: 786/989/12-9 – Pleno.

e dúvidas, em decorrência das distintas e várias possibilidades de composição da planilha de preços quanto à parcela de insumos, encargos, despesas indiretas e bônus.

Além disso, os percentuais de BDI, a priori, podem variar razoavelmente, sem que isso represente necessariamente sobrepreço ou subpreço, desde que o contrato que contenha o BDI fora do normalmente aceitável decorra de certame público que tenha obedecido aos ditames da lei de licitações e do edital, e o preço final ajustado esteja seguramente compatível com o de mercado (Acórdão nº 645/2009 – Plenário).

... reputo que não cumpre ao TCU estipular percentuais fixos para cada item que compõe a taxa de BDI, ignorando as peculiaridades da estrutura gerencial de cada empresa que contrata com a Administração Pública. O papel da Corte de Contas é impedir que sejam pagos valores abusivos ou injustificadamente elevado e por isso é importante obter valor valores de referência, mas pela própria logística da empresa é natural que ocorram certas flutuações de valores nas previsões das despesas indiretas e da margem de lucro a ser obtida.

24. Nessa mesma linha, a estatal apresenta trechos dos Acórdãos nºs 424/2008-PL e 2382/2007-PL que versam sobre a necessidade de se observar as características de cada empreendimento na composição do BDI contratual e a inadequação dos valores referenciais estabelecidos no Acórdão 325/2007-PL às obras de construção do edifício-sede da Procuradoria-Geral do Trabalho (Acórdão nº 3.044/2008 – Plenário).

3. O percentual de Bônus e Despesas Indiretas – BDI a ser adotado, por não ser diretamente mensurável, deve levar em consideração as especificidades de cada contrato, *não devendo ser prefixado no edital*, sob pena de restringir a obtenção de proposta mais vantajosa para a Administração (Acórdão nº 1.595/2006 – Plenário).

Assim, afigura-se impertinente à Administração Pública licitante fixar um percentual máximo admissível em suas licitações, sob pena de limitar o lucro que o particular busca naquele empreendimento, fato que viola o princípio da livre-iniciativa.[182]

---

[182] "O que se indaga é sobre a possibilidade da Administração estipular, como condição obrigatória a ser observada nos orçamentos dos proponentes, o percentual do BDI que deverá ser aplicado em suas planilhas de custos, fixando-o em igual valor ao por ela utilizado no seu orçamento. Se admitirmos a possibilidade da Administração estabelecer o mesmo percentual de BDI a ser adotado obrigatoriamente por todos os participantes, estaremos de pronto, fulminando o princípio constitucional da livre-iniciativa". BRAUNERT, Rolf Dieter Oskar Friedrich. *Como licitar obras e serviços de engenharia*: Leis nº 5.194/66 e nº 6.496/77: resoluções e normatizações do CONFEA: súmulas, decisões e acórdãos do TCU. 2. ed. rev. atual. e ampl. Belo Horizonte: Fórum, 2010. p. 141.

Além disso, fixar um teto para as despesas indiretas nos parece ser ruim, uma vez que tal imposição pode prejudicar, inclusive em situações extremas, a execução do objeto demandado. Todavia, sendo tal percentual fixado, o que nos parece inadequado, em razão de todo o exposto, os particulares estão adstritos às regras do edital, sob pena de alijamento do certame. Neste caso, cabe aos licitantes impugnar o edital e, se for o caso, acionar os órgãos de controle.

Ademais, a fixação do BDI máximo pela Administração no ato convocatório pode ser um elemento que efetivamente pode prejudicar a competitividade do certame, na medida em que tal previsão pode ser um instrumento que venha desmotivar a participação no torneio e violar o princípio da livre-iniciativa. Os órgãos de controle vêm manifestando-se sobre.[183]

Noutro giro, pode o BDI fixado apresentar-se excessivo à luz do objeto que passa pelo crivo da licitação, pois acaba por propiciar a apresentação de ofertas excessivas, com lucro alto, despesas indiretas que podem não se efetivar, fato que pode gerar prejuízo ao erário. Sobre tal questão o TCE/SP já prolatou, *in verbis*:

> Os mesmos fundamentos define a impropriedade da fixação de percentual de tributos presentes nos subitem 11.5, condição que também deverá ser afastado do edital, pois esta ingerência da licitante na fiscalização dos encargos sociais e tributos, em uma licitação que será julgada pelo menor preço Global, não se justifica e poderá ser prejudicial à Municipalidade.
>
> A fixação de taxa de BDI de 30% (trinta por cento), sem justificativa para tanto, também contraria jurisprudência desta Corte, valendo registrar

---

[183] Todavia, no tocante aos Termos registrou os seguintes apontamentos: (...) e) os preços unitários contratados, que tiveram como referência pesquisa de mercado, apresentaram BDI demasiadamente elevado (30%); e,
(...)
Os interessados foram chamados para se manifestar nos termos do inciso XIII, do artigo 2º da Lei Complementar nº 709/93. Tempestivamente, a Secretaria apresentou suas razões de defesa.
(...)
Na oportunidade, afirmou que o TCU entende como limite razoável de BDI valores em torno de 20% a 30%.
(...)
Instada a ATJ, sob os aspectos de engenharia e jurídico, acolhendo as justificativas apresentadas, opinou pela regularidade da matéria (TC-023604/026/13 – julgamento em 10.10.2017).

que a Fiscalização, ao instruir a matéria, observou terem sido aplicados percentuais de BDI superiores àqueles definidos em estudo do TCU (entre 20,34% e 25,00% para construção de edifícios), presentes no Acórdão TCU nº 2622/2013, e em desacordo com decisões desta E. Corte (v.g.: TC-002265/004/05, TC-013896.989.16 e TC-005373.989.16-9) (TCE/SP nº TC-008373.989.22-7 (ref. TC-024578.989.20-4 e TC-012571.989.21-9)).[184]

2.13 BDI excessivamente baixo, zero ou negativo

Conforme já tratamos, o percentual do BDI é um componente da planilha de preços de proponente interessado em contratar com a Administração Pública, admitido em suas licitações quando o objeto a ser contratado versar sobre obras e serviços. Sua finalidade é mensurar o lucro (benefício) do particular, as despesas necessárias para executar o objeto demandado e os tributos que incidem indiretamente em tal atividade econômica, os quais são impossíveis de serem individualizados ou quantificados na planilha de composição de custos diretos.

Esse componente, que se apresenta por meio de percentual, ao ser aplicado sobre o custo da execução do empreendimento, acaba por resultar no preço proposto pelo licitante para a execução do objeto que está passando pelo crivo da licitação.

É sempre oportuno esclarecer que o percentual do BDI, em tese, não é fixo e a sua composição não é taxativa, variando de objeto para objeto e entre as empresas licitantes, levando-se em consideração elementos extrínsecos à execução do objeto pretendido, bem como a situação econômica e mercadológica, a exemplo da localização e acesso à execução do objeto, a infraestrutura instalada, alíquota do ISS adotada pelo Município onde será executado o objeto, bem como características intrínsecas do objeto, como, por exemplo, o tipo da obra, qualidade dos projetos e orçamentos, prazo de execução do objeto, forma de pagamento, período de medição, além do lucro pretendido pelo proponente para aquele empreendimento, estrutura do licitante etc.

---

[184] TCE/SP – TC: 786/989/12-9 – Pleno.

Logo, verifica-se que os itens que compõem o BDI se referem ao lucro do particular e às despesas indiretas que, em relação a estas últimas, muito embora não incidam diretamente na execução do objeto demandado pela Administração, são necessárias para sua regular realização, a exemplo do pagamento de impostos (ISS, PIS, Cofins, CPRB quando for o caso, etc.), rateio da Administração central, despesa financeira, de risco, seguro e garantia do empreendimento etc.

Observa-se, portanto, que uma proposta que assenta um BDI excessivamente baixo, zero ou negativo, tende a ser inexequível, uma vez não assentar uma oferta provida com todos os custos destinados a fazer frente às despesas indiretas necessárias para execução do objeto, especialmente os tributos incidentes na atividade econômica do empreendimento.

Ademais, caso o BDI seja zero ou negativo, tem-se que tal proposta comercial apresenta um déficit negativo, ou seja, o particular que apresentou uma oferta com tais características terá a necessidade de utilizar recursos próprios para a execução do empreendimento, terá que assumir de alguma forma todo e qualquer risco, não detendo, ainda, nesta oportunidade, lucro algum.

Diante desta situação, antes de desclassificar a referida proposta comercial, com arrimo no art. 59, inc. III, da Nova Lei de Licitações, deverá a Administração franquear a possibilidade de o particular contratado comprovar a exequibilidade de sua oferta comercial.

CAPÍTULO 3

O JULGAMENTO DAS PROPOSTAS COMERCIAIS

No tocante ao julgamento das propostas comerciais no âmbito da Nova Lei de Licitações, fixa o art. 59:

Art. 59. Serão desclassificadas as propostas que:
I – contiverem vícios insanáveis;
II – não obedecerem às especificações técnicas pormenorizadas no edital;
III – apresentarem preços inexequíveis ou permanecerem acima do orçamento estimado para a contratação;
IV – não tiverem sua exequibilidade demonstrada, quando exigido pela Administração;
V – apresentarem desconformidade com quaisquer outras exigências do edital, desde que insanável.
§1º A verificação da conformidade das propostas poderá ser feita exclusivamente em relação à proposta mais bem classificada.
§2º A Administração poderá realizar diligências para aferir a exequibilidade das propostas ou exigir dos licitantes que ela seja demonstrada, conforme disposto no inciso IV do caput deste artigo.
§3º No caso de obras e serviços de engenharia e arquitetura, para efeito de avaliação da exequibilidade e de sobrepreço, serão considerados o preço global, os quantitativos e os preços unitários tidos como relevantes, observado o critério de aceitabilidade de preços unitário e global a ser fixado no edital, conforme as especificidades do mercado correspondente.
§4º No caso de obras e serviços de engenharia, serão consideradas inexequíveis as propostas cujos valores forem inferiores a 75% (setenta e cinco por cento) do valor orçado pela Administração.

§5º Nas contratações de obras e serviços de engenharia, será exigida garantia adicional do licitante vencedor cuja proposta for inferior a 85% (oitenta e cinco por cento) do valor orçado pela Administração, equivalente à diferença entre este último e o valor da proposta, sem prejuízo das demais garantias exigíveis de acordo com esta Lei.

O referido artigo e seus incisos consolidam o entendimento do Poder Judiciário e das Cortes de Contas acerca do julgamento das propostas comerciais, de modo a garantir efetivamente que a licitação alcance o seu fim, qual seja, a busca da proposta mais vantajosa.

Analisemos inciso a inciso.

3.1 Propostas com vícios insanáveis

Apresentamos o primeiro critério de julgamento fixado na Nova Lei de Licitações, fixado no seu art. 59, inc. I, qual seja, que somente serão desclassificadas propostas comerciais que contiverem vícios insanáveis.

Melhor explicando, tem-se que o processo licitatório é o instrumento necessário para a Administração Pública contratar obras, serviços e aquisição de bens, conforme determina o princípio da licitação previsto no art. 37, inc. XXI, da Constituição Federal de 1988.

Nesse sentido, é fundamental que a Administração Pública observe os princípios que norteiam a realização do procedimento licitatório, atualmente previstos no art. 5º da Nova Lei de Licitações,[185] de modo a garantir a seleção da proposta em que se agregue, minimamente, qualidade, durabilidade, preço e, ao mesmo

---

[185] "Art. 5º Na aplicação desta Lei, serão observados os princípios da legalidade, da impessoalidade, da moralidade, da publicidade, da eficiência, do interesse público, da probidade administrativa, da igualdade, do planejamento, da transparência, da eficácia, da segregação de funções, da motivação, da vinculação ao edital, do julgamento objetivo, da segurança jurídica, da razoabilidade, da competitividade, da proporcionalidade, da celeridade, da economicidade e do desenvolvimento nacional sustentável, assim como as disposições do Decreto-Lei nº 4.657, de 4 de setembro de 1942" (Lei de Introdução às Normas do Direito Brasileiro).

tempo, em que promova a segurança jurídica e o respeito ao direito dos proponentes.[186]

Para que os objetivos da licitação sejam alcançados, existem alguns princípios que devem ser de observância obrigatória, ainda que não previstos explicitamente na Nova Lei de Licitações. No caso, destacamos os princípios do formalismo moderado, competitividade, economicidade, razoabilidade e proporcionalidade.

Analisando um a um, o que é necessário para chegarmos ao objetivo do presente comentário, qual seja, apontar que somente poderão ser desclassificadas propostas com vícios insanáveis, destaca-se o princípio do formalismo moderado, que determina a adoção de formas simples e suficientes para garantir um adequado grau de certeza, segurança e respeito aos direitos dos administrados. Tal princípio promove a prevalência do conteúdo material, *in casu*, da proposta comercial, sobre o formalismo extremo, não sendo admitido, portanto, que o julgamento da proposta comercial e a decisão de excluir uma oferta recaiam sobre meros detalhes inúteis e não sobre elementos essenciais e preço, o que ainda hoje é muito recorrente.

Nesse sentido, o TCU vem prolatando que:

> É irregular a desclassificação de empresa licitante por omissão de informação de pouca relevância sem que tenha sido feita a diligência facultada pelo art. 43, §3º, da Lei 8.666/1993 (Acórdão 3615/2013 – Plenário).
>
> Rigor formal no exame das propostas dos licitantes não pode ser exagerado ou absoluto, sob pena de desclassificação de propostas mais vantajosas, devendo as simples omissões ou irregularidades na documentação ou na proposta, desde que irrelevantes e não causem prejuízos à Administração ou aos concorrentes, serem sanadas mediante diligências (TCU – Acórdão 2302/2012-Plenário).
>
> A existência de erros materiais ou de omissões nas planilhas de custos e preços das licitantes não enseja a desclassificação antecipada das respectivas propostas, devendo a Administração contratante realizar diligências junto às licitantes para a devida correção das falhas, desde

---

[186] "O disposto no *caput* do art. 41 da Lei 8.666/1993, que proíbe a Administração de descumprir as normas e o edital, deve ser aplicado mediante a consideração dos princípios basilares que norteiam o procedimento licitatório, dentre eles o da seleção da proposta mais vantajosa" (TCU – Acórdão nº 8.482/2013 – 1ª Câmara).

que não seja alterado o valor global proposto. Cabe à licitante suportar o ônus decorrente do seu erro, no caso de a Administração considerar exequível a proposta apresentada (TCU – Acórdão 2546/2015 – Plenário).

9.4.3. não realização de diligências na documentação de habilitação técnica e na proposta da representante (segunda colocada no certame), que possibilitassem sanear as falhas encontradas, em busca de preservar a possibilidade de contratar proposta mais vantajosa, ou possibilitassem melhor caracterizar o aspecto insanável dessas falhas e/ou a inexequibilidade dos preços e custos ofertados, sem demonstrar e explicitar a desnecessidade das diligências ou outra razão para sua não realização, contrariando os princípios da economicidade e da transparência e a jurisprudência deste Tribunal (Acórdãos do Plenário 2.546/2015, 2.730/2015, 918/2014, 1.924/2011, e 1.899/2008) (TCU – Acórdão 2290/2019 – Plenário).

Finalizamos a apresentação da opinião do TCU, manifestada pelo famoso Acórdão nº 1.211/2021 – Plenário, de Relatoria do Ministro Walton Alencar Rodrigues, que fixa na ementa a seguinte determinação:

Admitir a juntada de documentos que apenas venham a atestar condição pré-existente à abertura da sessão pública do certame não fere os princípios da isonomia e igualdade entre as licitantes e o oposto, ou seja, a desclassificação do licitante, sem que lhe seja conferida oportunidade para sanear os seus documentos de habilitação e/ou proposta, resulta em objetivo dissociado do interesse público, com a prevalência do processo (meio) sobre o resultado almejado (fim). O pregoeiro, durante as fases de julgamento das propostas e/ou habilitação, deve sanear eventuais erros ou falhas que não alterem a substância das propostas, dos documentos e sua validade jurídica, mediante decisão fundamentada, registrada em ata e acessível aos licitantes, nos termos dos arts. 8º, inciso XII, alínea "h"; 17, inciso VI; e 47 do Decreto 10.024/2019; sendo que a vedação à inclusão de novo documento, prevista no art. 43, §3º, da Lei 8.666/1993 e no art. 64 da Nova Lei de Licitações (Lei 14.133/2021), não alcança documento ausente, comprobatório de condição atendida pelo licitante quando apresentou sua proposta, que não foi juntado com os demais comprovantes de habilitação e/ou da proposta, por equívoco ou falha, o qual deverá ser solicitado e avaliado pelo pregoeiro.

No tocante ao princípio da competitividade, em outra obra, já tivemos a oportunidade de anotar que: "em última análise, impede a fixação de cláusulas ou condições de caráter discriminatório, que restrinjam o possível universo de licitantes ou, ainda, direcionar a licitação para esta ou aquela empresa, em franco desrespeito à ampliação da disputa". [187]

Assim, toda atuação estatal durante o processamento do certame deve sempre mirar a ampliação do espectro de competidores, fato que repercutirá, necessariamente, em maior competição e observância de melhores condições de contratação.

Sobre o referido princípio já prolatou o eg. STJ que, *in verbis*:

> O interesse público reclama o maior número possível de concorrentes, configurando ilegalidade a exigência desfiliada da lei básica de regência e com interpretação de cláusulas editalícias impondo condição excessiva para a habilitação. (STJ – MS nº 5.693/DF – Relatoria: Ministro Milton Luiz Pereira).
> 3. O procedimento licitatório há de ser o mais abrangente possível, a fim de possibilitar o maior número possível de concorrentes, tudo a possibilitar a escolha da proposta mais vantajosa. 4. Não deve ser afastado candidato do certame licitatório, por meros detalhes formais. No particular, o ato administrativo deve ser vinculado ao princípio da razoabilidade, afastando-se de produzir efeitos sem caráter substancial. 5. Segurança concedida. (STJ – MS 5631/DF, Rel. Ministro José Delgado)

Não é outra a opinião do eg. TCU:

> Rigor formal no exame das propostas dos licitantes não pode ser exagerado ou absoluto, sob pena de desclassificação de propostas mais vantajosas, devendo as simples omissões ou irregularidades na documentação ou na proposta, desde que irrelevantes e não causem prejuízos à Administração ou aos concorrentes, serem sanadas mediante diligências. (TCU – Acórdão 2302/2012 – Plenário)

> A existência de erros materiais ou de omissões nas planilhas de custos e preços das licitantes não enseja a desclassificação antecipada das respectivas propostas, devendo a Administração contratante realizar diligências junto às licitantes para a devida correção das falhas, desde que não seja alterado o valor global proposto. Cabe à licitante suportar o ônus decorrente do seu erro, no caso de a Administração considerar

---

[187] PIRES, Antonio Cecílio Moreira; PARZIALE, Aniello Reis. *Comentários à nova Lei de Licitações Públicas e Contratos Administrativos*: Lei nº 14.133, de 1º de abril de 2021. São Paulo: Almedina, 2022. p. 57.

exequível a proposta apresentada. (TCU – Acórdão 2546/2015 – Plenário). Estando os preços global e unitários ofertados pelo licitante dentro dos limites fixados pela Administração, é de excessivo rigor a desclassificação da proposta por divergência entre seus preços unitários e respectivas composições detalhadas de custos, por afronta aos princípios da razoabilidade, da ampla competitividade dos certames e da busca de economicidade nas contratações. Referida divergência se resolve com a retificação das composições, sem necessidade de modificações ou ajustes em quaisquer dos valores lançados na proposta a título de preços unitários. (TCU – Acórdão 2742/2017 – Plenário).

Por sua vez, o princípio da economicidade vem disposto no art. 70 da Constituição Federal e no art. 5º da Nova Lei de Licitações e tem por objetivo a obtenção do resultado esperado com o menor custo, mantendo a qualidade e buscando a celeridade na prestação do serviço ou no trato com os bens públicos.[188]

Logo, o alijamento de proponentes em razão de erros que poderiam ser relevados ou sanados efetivamente pode acarretar uma contratação mais custosa, pois não é possível o afastamento de licitantes do certame que apresentaram uma proposta com valor reduzido, passando a contratar com aqueles que apresentaram valores mais elevados.

Como já pontuamos, decisões prolatadas com um rigor excessivo, que acabam por alijar proponentes, trazem como consequência o indevido prejuízo ao interesse público, consubstanciado na busca da proposta apta a obter o resultado da contratação mais vantajosa para a Administração, gerando, desnecessariamente, gasto desnecessário para o erário.

---

[188] Sobre o referido princípio, já tivemos a oportunidade de anotar que: "Por seu turno, o princípio da economicidade vem disposto no art. 70 da Constituição Federal e tem por objetivo a obtenção do resultado esperado com o menor custo, mantendo a qualidade e buscando a celeridade na prestação do serviço ou no trato com os bens públicos. Não é demais dizer que o princípio da economicidade deve incidir, primordialmente, na fase preparatória da licitação, nos termos do art. 18, §1º, inc. IX, e art. 40, §2º, inc. II. Entretanto, válido é lembrar que existem avenças públicas cujos contratos são prorrogados e, a cada prorrogação, a exigência de demonstração da economicidade deverá ser observada" (PIRES, Antonio Cecílio Moreira; PARZIALE, Aniello Reis. *Comentários à nova Lei de Licitações Públicas e Contratos Administrativos*: Lei nº 14.133, de 1º de abril de 2021. São Paulo: Almedina, 2022. p. 60).

CAPÍTULO 3
O JULGAMENTO DAS PROPOSTAS COMERCIAIS | 149

Outrossim, a licitação deve ser julgada pelos princípios da razoabilidade[189] e da proporcionalidade.[190] [191] Com efeito, exige o princípio da razoabilidade que a aplicação da lei não autoriza a Administração a adotar condutas ilógicas ou desarrazoadas. Por sua vez, o princípio da proporcionalidade exige que as decisões administrativas no âmbito das contratações públicas sejam adequadas, necessárias e proporcionais.

Ilustrando tais princípios, o eg. STJ já decidiu que "o ato coator foi desproporcional e desarrazoado, mormente tendo em conta que não houve falta de assinatura, pura e simples, mas assinaturas e

---

[189] Acerca do referido princípio, já tivemos a oportunidade de anotar que: "A aplicação da lei, por certo, não autoriza a Administração a adotar condutas ilógicas ou desarrazoadas. Em razão disso, emerge o princípio da razoabilidade, também previsto no art. 5o, de caráter instrumental. Sobremodo seria admitir que os poderes administrativos, de caráter instrumental, pudessem ser exercitados além daquilo que temos por coerente e razoável. Assim, no campo das licitações cabe ao agente público, quando do julgamento da licitação, seja na fase de apreciação das propostas, seja na fase de habilitação, aferir a compatibilidade entre os meios empregados e os fins pretendidos, evitando decisões inadequadas, desnecessárias, arbitrárias ou em testilha com a finalidade da licitação" (PIRES, Antonio Cecílio Moreira; PARZIALE, Aniello Reis. *Comentários à nova Lei de Licitações Públicas e Contratos Administrativos*: Lei nº 14.133, de 1º de abril de 2021. São Paulo: Almedina, 2022. p. 57).

[190] Sobre o referido princípio, já tivemos a oportunidade de anotar que: "Consta, ainda, do art. 5º, o princípio da proporcionalidade, que, em nosso sentir, sempre estará acompanhado do princípio da razoabilidade, precipuamente em se tratando de dosimetria da pena, conforme se vê em julgamento de recurso inominado proferido pelo Tribunal de Justiça do Estado de São Paulo:
Recurso inominado da parte requerida – ação declaratória de nulidade de sanção administrativa – Atraso na entrega dos documentos obrigatórios pela parte vencedora na licitação – Instauração de processo administrativo e aplicação de penalidade de impedimento de contratar com a administração pública pelo período de três anos – Violação ao princípio da proporcionalidade – Inegável a desproporção da pena aplicada – Em análise ao artigo 87 da Lei de Licitações ou a Lei 10.502/02, não se pode perder de vista que o contrato não possui valor elevado, não resultaram comprovados ou vultosos prejuízos ao bem público, e não há notícia nos autos de que a empresa autora seja contumaz no TCU – Acórdão nº 1631/2007 – Plenário. Relatoria: Min. Valmir Campelo. Brasil. Data da Sessão: 15.08.2007. Descumprimento de suas obrigações – Sentença mantida por seus próprios fundamentos – Recurso improvido.
É imprescindível a existência de um nexo de pertinência lógica entre a decisão da Administração Pública, com a finalidade daquilo que se pretende, seja em razão de cláusula editalícia, seja em razão de apenamento" (PIRES, Antonio Cecílio Moreira; PARZIALE, Aniello Reis. *Comentários à nova Lei de Licitações Públicas e Contratos Administrativos*: Lei nº 14.133, de 1º de abril de 2021. São Paulo: Almedina, 2022. p. 58).

[191] "Estando os preços global e unitários ofertados pelo licitante dentro dos limites fixados pela Administração, é de excessivo rigor a desclassificação da proposta por divergência entre seus preços unitários e respectivas composições detalhadas de custos, por afronta aos princípios da razoabilidade, da ampla competitividade dos certames e da busca de economicidade nas contratações. Referida divergência se resolve com a retificação das composições, sem necessidade de modificações ou ajustes em quaisquer dos valores lançados na proposta a título de preços unitários" (TCU – Acórdão nº 2.742/2017 – Plenário).

rubricas fora do local preestabelecido, o que não é suficiente para invalidar a proposta, evidenciando claro excesso de formalismo" (STJ – MS nº 5.869/DF, relatora Ministra Laurita Vaz).

Sendo obrigatória a observância dos princípios listados na atividade administrativa de processar e julgar licitações, a Administração Pública deve afastar qualquer tipo de rigor formal quando examina a documentação de credenciamento, a habilitação de licitantes ou propostas comerciais, não podendo ocorrer qualquer tipo de interpretação que seja exagerada ou absoluta, sob pena de alijamento de proponente ou desclassificação de propostas altamente competitivas.

Caso assim ocorra, decisões desproporcionais e irrazoáveis poderão ser controladas internamente, por meio de recurso ou representações ao órgão de Controle Interno ou Procuradoria ou, ainda, externamente, por intermédio do Poder Judiciário, Ministério Público ou Tribunais de Contas, haja vista propiciar contratações antieconômicas.

Outrossim, tem-se que a incidência dos referidos princípios nas contratações públicas permite a manutenção de propostas no certame que detenham simples omissões ou irregularidades, desde que irrelevantes e que não causem prejuízos à Administração ou aos concorrentes, as quais devem ser sanadas mediante diligências.

Nesta linha, a Nova Lei de Licitações, conforme se observa do art. 64, §1º, estabeleceu que:

> §1º Na análise dos documentos de habilitação, a comissão de licitação poderá sanar erros ou falhas que não alterem a substância dos documentos e sua validade jurídica, mediante despacho fundamentado registrado e acessível a todos, atribuindo-lhes eficácia para fins de habilitação e classificação.

Sendo assim, observando-se, no caso concreto, que a proposta mais vantajosa detém uma falha que se apresente sanável, é dever do administrador público mantê-la no certame, estando tal diretriz arrolada no art. 59 da Nova Lei de Licitações, devendo ser realizada a diligência que se apresentar necessária.[192]

---

[192] "9.4.3. não-realização de diligências na documentação de habilitação técnica e na proposta da representante (segunda colocada no certame), que possibilitassem sanar

Noutro giro, observando-se que a proposta não pode ser saneada, entende-se que ela deverá ser desclassificada, devendo o licitante ser alijado do certame.

Com efeito, não nos parece ser possível corrigir uma proposta comercial que:

- seu objeto não comprova a integralidade das características do exigido no edital;
- seu objeto não se coaduna com o descrito no edital, mesmo sendo mais potente ou de qualidade superior;
- não fixa a marca a ser oferecida, quando o edital assim exige;
- fixa no BDI alíquota de ISSQN devido no lugar da prestação de serviço em desconformidade com a legislação do local;
- fixa no BDI custos com Equipamento de Proteção Individual – EPI, ferramentas e serviços;
- fixa no BDI custos com IRPJ e a CSLL, por serem personalíssimos;
- fixa no BDI custos com "taxas diversas" e "imprevistos";
- fixa no BDI custos com materiais, mão de obra, equipamentos;
- detém um cronograma físico-financeiro dissonante do fixado no edital;
- apresenta preço (global ou unitário) superior ao fixado no ato convocatório e o edital estabelece a desclassificação de propostas que apresentar tal característica;
- foi assinada por pessoa que não detém plenos poderes para tanto;
- consignou quantitativo inferior àquele observado no edital, não permitindo o ato convocatório da oferta parcial;
- apresentou alíquota tributária em desacordo com a legislação vigente.

---

as falhas encontradas, em busca de preservar a possibilidade de contratar proposta mais vantajosa, ou possibilitassem melhor caracterizar o aspecto insanável dessas falhas e/ou a inexequibilidade dos preços e custos ofertados, sem demonstrar e explicitar a desnecessidade das diligências ou outra razão para sua não realização, contrariando os princípios da economicidade e da transparência e a jurisprudência deste Tribunal" (Acórdãos do Plenário 2.546/2015, 2.730/2015, 918/2014, 1.924/2011, e 1.899/2008) (TCU – Acórdão 2290/2019 – Plenário).

3.2 Propostas que não obedecem às especificações técnicas pormenorizadas no edital

Outra hipótese em que a Nova Lei de Licitações determina que as propostas comerciais sejam devidamente desclassificadas consta do seu art. 59, inc. II, cujo teor estabelece que serão desclassificadas as propostas que não obedecerem às especificações técnicas que constam do edital e seus anexos.

A referida hipótese de desclassificação apresenta conteúdo assemelhado ao art. 48, inc. I, da Lei Federal nº 8.666/93, que permite a desclassificação de propostas cujo teor não atenda às condições estabelecidas no ato convocatório.

Com efeito, esclareça-se que a Administração licitante, quando acessa a proposta, deve verificar a sua adequação aos termos do ato convocatório, ou seja, avaliar a sua conformidade com os termos do edital, conforme ocorria no pregão.[193] Sendo assim, se a oferta atende aos termos do instrumento convocatório, uma vez que cumpre as suas especificações, passa-se a avaliar, num segundo momento, os preços ofertados.

Logo, lança-se crítica ao disposto no art. 29, §1º,[194] da Instrução Normativa SEGES/ME nº 73, de 30 de setembro de 2022, que fixa que a análise de conformidade das propostas comerciais ocorrerá

---

[193] "Art. 4º A fase externa do pregão será iniciada com a convocação dos interessados e observará as seguintes regras:

(...)

VII – aberta a sessão, os interessados ou seus representantes, apresentarão declaração dando ciência de que cumprem plenamente os requisitos de habilitação e entregarão os envelopes contendo a indicação do objeto e do preço oferecidos, procedendo-se à sua imediata abertura e à verificação da conformidade das propostas com os requisitos estabelecidos no instrumento convocatório;".

[194] "Art. 29. Encerrada a etapa de envio de lances da sessão pública, o agente de contratação ou a comissão de contratação, quando o substituir, realizará a verificação da conformidade da proposta classificada em primeiro lugar quanto à adequação ao objeto estipulado e, observado o disposto nos arts. 33 e 34, à compatibilidade do preço ou maior desconto final em relação ao estimado para a contratação, conforme definido no edital.

§1º Desde que previsto no edital, o órgão ou entidade promotora da licitação poderá, em relação ao licitante provisoriamente vencedor, realizar análise e avaliação da conformidade da proposta, mediante homologação de amostras, exame de conformidade e prova de conceito, entre outros testes de interesse da Administração, de modo a comprovar sua aderência às especificações definidas no termo de referência ou no projeto básico".

apenas após a etapa de lances, ou seja, em momento posterior ao previsto na Lei do Pregão. Sendo assim, observa-se que poderá ser admitida a participação de empresas na fase aberta com objeto estranho ao edital, pois a análise da conformidade do edital ocorrerá posteriormente.

Com efeito, observa-se que pela redação da IN restará permitida a participação da fase de lances particulares providos de propostas, que pode ser excluída tão logo tal a fase encerre, haja vista não atender às especificações do edital. Poderá, todavia, doravante, licitantes serem sancionados em razão de apresentarem propostas em desconformidade, pois deverão declarar que a sua oferta atende ao edital.

Tal expediente deve ser visto com cautela pelos licitantes, pois a redução do valor do lance pode estar relacionada ao fato do proponente estar participando do certame com um objeto que não atende ao edital, fato que somente será observado pela Administração quando estiver encerrada a etapa aberta. Logo, exige-se, doravante, maior atenção aos lances a serem concedidos.

Em nosso sentir, portanto, entende-se que o regulamento, em relação a tal quesito, deve ser objeto de modificação urgente. Com efeito, não podem continuar no torneio propostas comerciais divorciadas daquilo que a Administração Pública procura adquirir, contratar ou construir, uma vez que aquilo que o particular estará oferecendo não estará vinculado às pretensões administrativas. Logo, deve a referida proposta comercial ser devidamente desclassificada antecipadamente.

Com efeito, tem-se que tal dispositivo legal é o fundamento para a desclassificação das propostas cujas amostras, testes e ensaios são reprovados pela Administração.

Existindo dúvida acerca do conteúdo constante da proposta comercial, amostra, ensaio etc., deve a comissão de contratação ou pregoeiro converter o processo em diligência, com o escopo de buscar esclarecimento técnico com servidor público que seja habilitado tecnicamente a responder ou manifestar-se a respeito da dúvida verificada.

Demais disto, deve o ato convocatório fixar disposições claras e critérios objetivos para o julgamento das propostas, sendo, ainda,

154 ANIELLO PARZIALE
ASPECTOS JURÍDICOS DO BDI PARA OBRAS E SERVIÇOS

ilegal estabelecer critérios genéricos para a apreciação das ofertas. Sobre tal questão o TCU já salientou que:

> 9.3.2. estipule disposições claras e critérios objetivos para julgamento das propostas, de acordo com o disposto no art. 3º c/c o art. 40, inciso VII, da Lei nº 8.666/93 (TCU – Acórdão nº 2.079/2005 – 1ª Câmara – Relatoria: Ministro Marcos Bemquerer Costa).
>
> 9.2.2.4. abstenha-se de prever de forma genérica a possibilidade de seleção de propostas em razão da qualidade do produto, tendo em vista que o julgamento das propostas deve se dar de forma objetiva, conforme critérios previamente estabelecidos no edital, nos termos do art. 40, inciso VII, da Lei 8.666/1993 (TCU – Acórdão nº 3.905/2008 – 2ª Câmara – Relatoria: Ministro Augusto Sherman Cavalcanti).

3.3 Propostas com preços inexequíveis ou que permanecerem acima do orçamento estimado para a contratação

Fixa o art. 59, inc. III, da Nova Lei de Licitações que serão desclassificadas as propostas que apresentarem preços inexequíveis ou permanecerem acima do orçamento estimado para a contratação.

Tal redação é assemelhada ao disposto no art. 48, inc. II, da Lei Federal nº 8.666/93, que estabelece que serão desclassificadas propostas com valor global superior ao limite estabelecido ou com preços manifestamente inexequíveis, assim considerados aqueles que não venham a ter demonstrada sua viabilidade através de documentação que comprove que os custos dos insumos são coerentes com os de mercado e que os coeficientes de produtividade são compatíveis com a execução do objeto do contrato, condições estas necessariamente especificadas no ato convocatório da licitação.

Acerca da primeira hipótese, tem-se que as propostas inexequíveis devem ser extirpadas do certame. Consideram-se preços manifestamente inexequíveis aqueles que, comprovadamente, forem insuficientes para a cobertura dos custos decorrentes da contratação pretendida.

Ou seja, o valor fixado na proposta comercial deve ser suficiente para fazer frente a todas as despesas, sejam diretas ou indiretas, como já apontou-se. Daí a necessidade de comprovação dos custos diretos na planilha, bem como a abertura do BDI, conforme exige a Súmula nº 258 do TCU.[195]

Conforme já declinou-se, entende-se ser descabida a desclassificação de proposta com lucro zero, já sendo necessário o alijamento de oferta que detenha um BDI zero. Recomenda-se a leitura do item que trata do referido assunto.

A exclusão da proposta comercial não pode ocorrer sem que a Administração franqueie a possibilidade do licitante comprovar a exequibilidade da sua proposta comercial, que ocorrerá por meio da apresentação de documentos, a exemplo de notas fiscais, balanço patrimonial, escrituras públicas, contratos, fotos etc.

Assim deve ocorrer, pois o licitante já pode deter um determinado insumo, equipamento a ser aplicado na obra ou serviço no seu estoque, almoxarifado, canteiro, barracão, que não precisará incorrer em gasto. Logo, tal custo será zero para o proponente, fato que tornará a sua proposta comercial mais competitiva, mesmo que no primeiro momento apresente-se como supostamente inexequível. Daí a necessidade imposta pela lei de que o licitante demonstre a aquisição preexistente ou a disponibilidade daquilo que torna o seu preço competitivo.

Observa-se, desta feita, ser indevida a desclassificação sumária de uma proposta comercial sem ser concedida a oportunidade do proponente comprovar a viabilidade da sua oferta, devendo ser concedido o prazo que for necessário para a reunião de documentos aptos a demonstrar a exequibilidade da oferta, devendo, inclusive, ser prorrogado o lapso, em caso de eventual pedido justificado. Com efeito, pode o interesse público almejado com o objeto da licitação aguardar dias quando a razão foi o menor dispêndio de recursos públicos, ou seja, o princípio da economicidade deve ser reverenciado.

Por sua vez, ao cabo deste expediente, não restando comprovada a capacidade do licitante executar o objeto da licitação através do valor assentado em sua proposta comercial, deverá tal

---

[195] Súmula nº 258: "As composições de custos unitários e o detalhamento de encargos sociais e do BDI integram o orçamento que compõe o projeto básico da obra ou serviço de engenharia, devem constar dos anexos do edital de licitação e das propostas das licitantes e não podem ser indicados mediante uso da expressão 'verba' ou de unidades genéricas".

oferta, justificadamente, ser devidamente desclassificada do certame com arrimo no art. 59, inc. III, da Lei de Licitações. Grife-se que dessa decisão cabe recurso administrativo, consoante determina o art. 165, inc. I, "b", da NLLC.[196]

No caso de obras e serviços de engenharia e arquitetura, para efeito de avaliação da exequibilidade e de sobrepreço, fixa o §3º do referido artigo que serão considerados o preço global, os quantitativos e os preços unitários tidos como relevantes, observado o critério de aceitabilidade de preços unitário e global a ser fixado no edital, conforme as especificidades do mercado correspondente.

Assim determinando o art. 59, §3º, da NLLC, observa-se que a análise da inexequibilidade da proposta comercial não pode recair sobre itens irrelevantes da proposta comercial buscando a desclassificação em razão de preço reduzido para pequenos itens insignificantes, mas, sim, deverá o estudo da inexequibilidade recair sobre os itens da obra que apresentam-se como consideráveis e pertinentes por impactar no preço global ou nos quantitativos, o que prejudica a conclusão do objeto, haja vista os valores baixos verificados.

Por sua vez, fixa o §4º do artigo em comento que, no caso de obras e serviços de engenharia, serão consideradas inexequíveis as propostas cujos valores forem inferiores a 75% (setenta e cinco por cento) do valor orçado pela Administração.

Mesmo sendo fixado um critério objetivo pela Lei, entende-se que deve ser franqueada a possibilidade do licitante comprovar que consegue executar o objeto demandado pelo Poder Público mesmo estando a sua proposta comercial abaixo do valor do resultado do cálculo que surgir quando da aplicação do referido percentual, não podendo a desclassificação ser sumária.

Nesse sentido, portanto, deve-se reverência à Súmula nº 262/2010 editada pelo eg. TCU, que estabelece que "o critério definido no art. 48, inciso II, §1º, alíneas 'a' e 'b', da Lei nº 8.666/93 conduz a uma presunção relativa de inexequibilidade de preços,

---

[196] Com efeito, tem-se que tal possibilidade vai ao encontro do que consta no Acórdão nº 988/2022 – Plenário, de Relatoria do Ministro Antonio Anastasia, que reza:
"9.4.1 não conceder a manifestação prévia do licitante no caso de possível desclassificação fere o art. 5º, LV, da Constituição Federal;".

devendo a Administração dar à licitante a oportunidade de demonstrar a exequibilidade da sua proposta".

Entende-se que tal súmula deve ser aplicada no âmbito da Nova Lei de Licitação, estando, como nunca, vivíssima, haja vista reverenciar o princípio da economicidade, que, diga-se, de passagem, detém lastro constitucional, conforme denota-se da leitura do *caput* do art. 70 da Texto Constitucional de 1988.

Na outra hipótese prevista no art. 59, inc. III, da Nova Lei de Licitações, deverão ser excluídas propostas comerciais que permanecerem acima do orçamento estimado para a contratação.

Da forma como a redação legal foi construída, independentemente da previsão no edital, não devem ser admitidas propostas comerciais com valores superiores àqueles previstos no orçamento mercadológico.

Conforme fixa o art. 61, §1º, da NLLC, permite-se que ocorra negociação, de modo a garantir que a proposta seja classificada e introduzida na grade classificatória, pois há permissão para que a Administração negocie com o licitante detentor da proposta que foi desclassificado em razão de sua proposta permanecer acima do preço máximo definido.

Parece-nos que tal redação legal força a Administração a manter seus orçamentos atualizados e condizentes com o mercado correlato, uma vez que os licitantes não perderão tempo em licitações que assentem valores divorciados da realidade.

3.4 Desclassificação da proposta comercial que não tiver sua exequibilidade demonstrada quando exigida pela administração

Fixa o art. 59, inc. IV, da Nova Lei de Licitações que serão desclassificadas as propostas que não tiverem sua exequibilidade demonstrada quando exigida pela Administração.

Parece-nos que os incs. III e IV são complementares, já que ambos assentam as mesmas ideias, pois se esforça a Lei para que os licitantes demonstrem a exequibilidade de suas propostas.

Neste sentido, o que vislumbramos, na análise conjugada, é um reforço da lei no sentido da necessidade de verificação da exequibilidade e regra da manutenção da proposta comercial no certame, de modo a garantir, efetivamente, a busca da proposta mais vantajosa sempre.

Sendo assim, não tendo a exequibilidade demonstrada da proposta comercial, que deverá ser justificada para a autoridade competente, deverá a oferta ser excluída do certame. Da decisão, cabe recurso, na forma do art. 165 da Nova Lei de Licitações.

3.5 Propostas comerciais em desconformidade com quaisquer outras exigências do edital, desde que seja insanável

Fixa o art. 59, inc. V, da Nova Lei de Licitações que serão desclassificadas as propostas que apresentarem desconformidade com quaisquer outras exigências do edital, desde que insanável, vale dizer, também, insuperável ou intransponível.

Parece-nos que a referida redação relaciona-se com o disposto nos incs. I e II do artigo em estudo, que reza que apenas serão desclassificadas as propostas que contiverem vícios insanáveis, a exemplo de apresentarem o IRPJ e CSLL no BDI e que não obedecerem às especificações técnicas pormenorizadas no edital.

Com efeito, tem-se que existem desconformidades que são insanáveis, haja vista retirar da oferta a seriedade e concretude, pois acaba por prejudicar o interesse público almejado com o objeto pela Administração licitante.

Assim, por exemplo, sendo apresentada uma proposta para venda de um veículo X, cujo modelo proposto pelo licitante tem Peso Bruto Total – PBT de 4.200 kg e capacidade de carga e carroceria inferior a 2.165 kg, porém exigindo o edital PBT de 6.000 kg, capacidade de carroceria de 3.200 kg, mínimos, deve a proposta comercial ser devidamente alijada.

Em outro exemplo simples, sendo o objetivo da Administração Pública a aquisição de veículos com quatro portas, a serem utilizados no serviço público de segurança pública, haja vista permitir o desembarque rápido dos agentes policiais, deverá, necessariamente, ser desclassificada uma proposta comercial cujo

CAPÍTULO 3
O JULGAMENTO DAS PROPOSTAS COMERCIAIS | **159**

veículo oferecido detenha apenas, então, somente, duas portas de saída dos servidores.

Da mesma forma deverá ser excluída do certame uma proposta comercial cujo quantitativo não atenda às especificações do edital ou quantitativo lá estampado. Outrossim, ocorrerá em caso de a Administração exigir que a proposta comercial apresente uma garantia contratual, a ser prestada em um determinado local, e o licitante reduz tal prazo, oferecendo tal serviço em local distinto daquele apontado pelo Poder Público.

Observe-se que a desclassificação será necessária mesmo que o desatendimento do edital esteja relacionado ao oferecimento de um objeto com qualidade superior.

3.6 Modificação da proposta comercial por meio de negociação

Por derradeiro, fixa o art. 61 da Nova Lei de Licitações:

Art. 61. Definido o resultado do julgamento, a Administração poderá negociar condições mais vantajosas com o primeiro colocado.

§1º A negociação poderá ser feita com os demais licitantes, segundo a ordem de classificação inicialmente estabelecida, quando o primeiro colocado, mesmo após a negociação, for desclassificado em razão de sua proposta permanecer acima do preço máximo definido pela Administração.

§2º A negociação será conduzida por agente de contratação ou comissão de contratação, na forma de regulamento, e, depois de concluída, terá seu resultado divulgado a todos os licitantes e anexado aos autos do processo licitatório.

Como regra, tem-se que a negociação somente ocorrerá com o primeiro colocado, ao cabo da fase de disputa, com o escopo da Administração licitante obter mais vantagens para o erário.

A negociação não é uma faculdade da Administração Pública, mas, sim, uma obrigação a ser realizada pela comissão de contratação ou pregoeiro, devendo tal expediente ser devidamente consignado no processo administrativo.

Não obstante a obrigatoriedade da negociação, tem-se que o licitante não é obrigado a reduzir mais a sua oferta, já diminuída ou não na fase competitiva, não podendo a Administração excluir o proponente em razão de não melhorar as condições de contratação, seja reduzindo ou aumentando o valor consignado em sua proposta. De modo algum a negociação deve recair sobre a redução de qualidade ou mudança de especificação do objeto demandado, devendo o fruto da negociação estar relacionado à redução do lucro do licitante que consta do BDI.

Estando a oferta apresentada pelo licitante abaixo do valor estimado da contratação, um certame cujo critério de julgamento seja o menor preço, ou acima do valor da avaliação ou da estimativa verificada no termo de referência, no caso do certame deter critério de julgamento como maior lance, não poderá ser desclassificada a proposta comercial de um licitante que não quis reduzir mais a sua oferta ou aumentar mais o seu lance.

Não poderá ser exigido que o primeiro colocado assine o contrato pelo valor do ajuste celebrado pelo anterior contratado para a execução do objeto demandado.

Com efeito, deverá a Administração negociar, conforme fixa o art. 30 da IN nº 73/22, quando estabelece que, na hipótese da proposta do primeiro colocado permanecer acima do preço máximo ou inferior ao desconto definido para a contratação, o agente de contratação ou a comissão de contratação, quando o substituir, poderá negociar condições mais vantajosas, após definido o resultado do julgamento.

Não obstante isso, poderá a Administração negociar com os demais colocados, a exemplo de quando busca a construção do cadastro reserva no âmbito do SRP, conforme prevê o art. 20 do Decreto nº 11.462/23.[197]

---

[197] "Art. 20. Na hipótese de o convocado não assinar a ata de registro de preços no prazo e nas condições estabelecidos no art. 19, observado o disposto no §3º do art. 18, fica facultado à Administração convocar os licitantes remanescentes do cadastro de reserva, na ordem de classificação, para fazê-lo em igual prazo e nas condições propostas pelo primeiro classificado.
Parágrafo único. Na hipótese de nenhum dos licitantes de que trata a alínea "a" do inciso II do caput do art. 18 aceitar a contratação nos termos do disposto no caput deste artigo, a Administração, observados o valor estimado e a sua eventual atualização na forma prevista no edital, poderá:
I – convocar os licitantes de que trata a alínea "b" do inciso II do caput do art. 18 para negociação, na ordem de classificação, com vistas à obtenção de preço melhor, mesmo que acima do preço do adjudicatário; ou

Com efeito, a negociação deve ser pública e transparente, devendo os demais competidores acessar ou acompanhar o seu desenvolvimento. Sobre tal questão fixa o art. 30, §1º, da IN nº 73/22 que: "a negociação será realizada por meio do sistema e poderá ser acompanhada pelos demais licitantes".

Ainda sobre a referida norma, fixa o art. 30, §2º, da IN nº 73/22 que: "§2º Quando o primeiro colocado, mesmo após a negociação, for desclassificado em razão de sua proposta permanecer acima do preço máximo ou inferior ao desconto definido para a contratação, a negociação poderá ser feita com os demais licitantes classificados, exclusivamente por meio do sistema, respeitada a ordem de classificação estabelecida no §2º do art. 22, ou, em caso de propostas intermediárias empatadas, serão utilizados os critérios de desempate definidos no art. 28".

Tal negociação será conduzida por agente ou comissão de contratação, na forma de regulamento, não podendo tal expediente ser realizado por outro agente público, a exemplo do Diretor de Licitações, Secretário, Ministros ou Chefe de Poder ou entidades.

Concluída a negociação, frutífera ou não, tal expediente será registrado na ata da sessão pública, devendo esta ser anexada aos autos do processo de contratação, conforme estabelece o art. 22, §3º, da referida IN, tendo o seu resultado divulgado a todos os licitantes.

3.7 Juntada de todas as propostas no processo administrativo

Por derradeiro, ao cabo da sessão pública, devem ser juntados no processo administrativo os originais das propostas e demais documentos.

> 9.2.2. atente para o estrito cumprimento do disposto no art. 38, inciso IV, da Lei 8.666/93, quanto à inclusão, nos respectivos processos administrativos, dos originais das propostas e dos documentos que as instruírem (TCU – Acórdão nº 135/2005 – Plenário – Relatoria: Ministro Augusto Sherman Cavalcanti).

II – adjudicar e firmar o contrato nas condições ofertadas pelos licitantes remanescentes, observada a ordem de classificação, quando frustrada a negociação de melhor condição."

ANIELLO PARZIALE
ASPECTOS JURÍDICOS DO BDI PARA OBRAS E SERVIÇOS

1.1. Determinar à Caixa de Financiamento Imobiliário da Aeronáutica (CFIAe) que: 1.1.2 faça constar nos processos licitatórios realizados pela unidade, nos termos do inciso IV do art. 38 da Lei das licitações, o original das propostas de todos os licitantes, de maneira a possibilitar a aferição pelos próprios licitantes e pelos órgãos de controle. Processamento da licitação. Juntada dos originais das propostas e demais documentos. Necessidade: (TCU – Acórdão nº 1.219/2008 – 2ª Câmara – Carreiro).

REFERÊNCIAS

ALTOUNIAN, Cláudio Sarian. *Obras públicas*: licitação, contratação, fiscalização e utilização. 3. ed. rev. e ampl. Belo Horizonte: Fórum, 2012.

ALTOUNIAN, Cláudio Sarian. *Obras públicas*: licitação, contratação, fiscalização e utilização. 2. ed. rev. e ampl. Belo Horizonte: Fórum, 2009.

BONATTO, Hamilton. *Licitações e contratos de obras e serviços de engenharia*. 2. ed. Belo Horizonte: Fórum, 2012.

BRASIL. Manual técnico de fiscalização de obras públicas e serviços de engenharia. TCM/SP, 2005.

BRASIL. Tribunal de Contas da União. Orientações para elaboração de planilhas orçamentárias de obras públicas / Tribunal de Contas da União, Coordenação-Geral de Controle Externo da Área de Infraestrutura e da Região Sudeste. Brasília: TCU, 2014.

BRAUNERT, Rolf Dieter Oskar Friedrich. *Como licitar obras e serviços de engenharia*: Leis nº 5.194/66 e nº 6.496/77: resoluções e normatizações do CONFEA: súmulas, decisões e acórdãos do TCU. 2. ed. rev. atual. e ampl. Belo Horizonte: Fórum, 2010.

CAETANO, Marcelo. *Princípios fundamentais de direito administrativo*. Rio de Janeiro: Forense, 1989.

CAMELO, Bradson; NÓBREGA, Marcos; TORRES, Ronny Charles L. *Análise econômica das licitações e contratos*: de acordo com a Lei nº 14.133/2021 (nova Lei de Licitações). Belo Horizonte: Fórum, 2022.

FERNANDES, Jorge Ulisses Jacoby. *Sistema de registro de preços e pregão*. Belo Horizonte: Fórum, 2005.

GASPARINI, Diogenes. *Direito administrativo*. 17. ed., São Paulo: Saraiva, 2012.

MEIRELES, Hely Lopes. *Direito administrativo brasileiro*. 29. ed. São Paulo: Malheiros, 2004.

MENDES, André Luiz; BASTOS, Patrícia Reis Leitão. Um aspecto polêmico dos orçamentos de obras públicas: benefícios e despesas indiretas (BDI). *Revista do TCU*, n. 88, abr./jun. 2001.

MENDES, Raul Armando. *Comentários ao estatuto das licitações e contratos administrativos*. São Paulo: Revista dos Tribunais, 1988.

NÓBREGA, Marcos. *Direito e economia da infraestrutura*. Belo Horizonte: Fórum, 2020.

PARZIALE, Aniello dos Reis. *As sanções nas contratações públicas*: as infrações, as penalidades e o processo administrativo sancionador. 1. ed. Belo Horizonte: Fórum, 2021.

PIRES, Antonio Cecílio Moreira; PARZIALE, Aniello Reis. *Comentários à nova lei de licitações públicas e contratos administrativos*: Lei nº 14.133, de 1º de abril de 2021. São Paulo: Almedina, 2022.

164 ANIELLO PARZIALE
ASPECTOS JURÍDICOS DO BDI PARA OBRAS E SERVIÇOS

PIUS, Maria Alice. Análise de algumas práticas utilizadas no cálculo do BDI – Bonificação e despesas indiretas – para a fixação de preços de obras na construção civil. Disponível em: http://bt.fatecsp.br/bt_12/mariatrabalho2.pdf.

REIS, Paulo Sérgio de Monteiro. *Informativo de licitações e contratos – ILC*, n. 124, jun. 2004.

ROCHA, Márcio Soares da. Análise de BDI de obras públicas pelo método da estimativa intervalar. Disponível em: http://www.ibraop.org.br/site/media/sinaop/10_sinaop/analise_bdi.pdf.

SILVA, Mozart Bezerra da. *Manual de BDI, como incluir benefícios e despesas indiretas em orçamentos de obras de construção civil*. São Paulo: Edgard Blücher, 2006.

TISAKA, Maçahiko. *Orçamento na construção civil*: consultoria, projeto e execução. São Paulo: Editora Pini, 2006.

ÍNDICE REMISSIVO

A

Administração local – p. 127
Almoxarifado – p. 102, 127 e 155
Análise de conformidade – p. 66 e 158
Anexo da proposta comercial – p. 56 e 58
Assinatura da proposta comercial – p. 55
Ata notarial – p. 35

B

BDI – Definição – p. 77
BDI desonerado – p. 94
BDI detalhado – p. 134
BDI diferenciado – p. 98, 108 e 123
BDI baixo ou negativo – p. 131
BDI onerado – CPRB – p. 92
BDI padrão – p. 102
BDI zero – p. 141

C

Cadastramento da proposta comercial – p. 34, 35, 37, 40 e 46
Canteiro de obras – p. 26, 77, 81, 127, 128 e 155
Composição de custos – p. 23 e 66
Conta bancária – p. 44 e 66
Contribuição Previdenciária sobre a Receita Bruta – p. 92
Contribuição Social sobre o Lucro Líquido – CSLL – p. 93 e 129
Convenção coletiva – p. 44
Credenciamento – p. 36, 38, 59 e 150
Cronograma físico-financeiro – p. 56, 57, 58, 72, 99, 100, 101, 102, 132, 133 e 152
Custo ou despesas indiretas – p. 79

D

Data da abertura da licitação – p. 35, 36 e 36
Declarações – p. 58
Declaração falsa – p. 60
Desclassificação de propostas – p. 157

166 | ANIELLO PARZIALE
ASPECTOS JURÍDICOS DO BDI PARA OBRAS E SERVIÇOS

Despesas ou custos indiretos – Conceito – p. 79
Desoneração da folha de pagamento – p.
Detalhamento do BDI – p. 134

E

Encargos sociais – p. 76
Equipamentos – BDI diferenciado – p. 123
Erros formais – p. 35
Excesso de rigorismo – p. 43, 44 e 150

F

Faixas de variação no BDI – p. 105
Fase de lances – p. 39 e 153

G

Gerador – BDI diferenciado – p. 124 e 125

H

Habilitação – Excesso de rigorismo no julgamento – p. 43
Hipóteses de desclassificação de propostas – p. 157

I

Impugnação – p. 63, 66 e 140
Inclusão de documentos – p. 146
Identificação do licitante – p. 52.
Identificação da proposta- p. 56.
Inexequibilidade – p. 154
Instalações do canteiro de obras – p. 127
Instalações da administração central – p. 82
Insumos aplicados na obra – p. 54 e 123
IRPJ – p. 129
ISSQN – Imposto sobre Serviços de Qualquer Natureza – p. 91 e 131

L

Lances – p. 39
Lance parametrizado – p. 40
Local da obra ou serviço – Impacto no BDI – p. 98
Lucro – p. 78
Lucro zero – p. 120

M

Maior lance – p. 39 e 120
Marca – p. 24, 47, 50, 51 e 151
Marca própria – p. 52
Memorial descritivo – p. 88

N

Negociação – p. 41, 159, 160 e 161
No-break – BDI diferenciado – p. 124

O

Objeto da licitação na proposta comercial – p. 46
Obrigações contratuais – Garantia – p. 62
Ordem de serviço – p. 65 e 127
Orçamento desatualizado – p. 69, 86 e 70

P

Pagamento antecipado – Garantia adicional – p. 89
Planilha readequada – p. 34, 41, 42, 47 e 73
Prazo para apresentação da proposta readequada – p. 41
Prazo para manifestação da intenção de recorrer – p. 59
Prazo de execução da obra ou serviço – Impacto no BDI – p. 101
Prazo de validade das propostas – p. 53
Pedido de esclarecimentos – p. 63 e 66
Pedido de prorrogação do prazo de validade da proposta comercial – p. 54
Percentual máximo do BDI – p. 138
Período de garantia – p. 62
Porte da obra ou serviço – Impacto no BDI – p. 98
Preço – Conceito – p. 74
Princípio da competitividade – p. 33, 36, 37, 42, 60, 62, 102 e 123
Princípio da economicidade – p. 77, 144, 146, 148, 155 e 157
Princípio da licitação – p. 60 e 145
Princípio da livre-iniciativa – p. 79, 107, 122, 139 e 140
Princípio da proporcionalidade – p. 45, 144, 145 e 49
Princípio da razoabilidade – p. 145, 147, 148 e 149
Procuração – p. 56
Projeto básico – p. 99
Projeto executivo – p. 99
Proposta – Cadastramento – p. 34, 35, 37, 40 e 46
Proposta física – p. 32
Proposta eletrônica – p. 33

Proposta única na licitação – p. 35
Proposta inexequível – p. 157

Q

Quantitativos da contratação – p. 49

R

Rateio da Administração Central – p. 82
Risco do empreendimento – p. 84

S

Saneamento das propostas – p. 42, 49 e 60
Sessão pública presencial – p. 33
Sobrepreço – p. 95

T

Tapume – p. 127
Taxa de rateio da administração central – p. 82
Taxa de risco do empreendimento – p. 87
Taxa do lucro – p. 78
Termo de referência – p. 99
Tipo de obra – Impacto no BDI – p. 98
Tributos – p. 90

V

Validade das propostas – p. 53
Variação do BDI – p. 105
Valor da proposta comercial – p. 61
Vícios insanáveis – p. 144
Vícios sanáveis – Formalismo moderado – p. 146

Esta obra foi composta em fonte Palatino Linotype, corpo 10,5
e impressa em papel Pólen Bold 70g (miolo) e Supremo 250g (capa)
pela Gráfica Star7.